跟我学做一流汽修技师丛书

手把手教你检测诊断新能源汽车电控系统

林绪东　邓远锋　蓝勇飞　编著

配套资源

机械工业出版社

本书以当前市场主流车型比亚迪、吉利纯电动汽车为案例,通过图文+视频的方式对纯电动汽车电控系统原理、常见故障的检测诊断方法及步骤进行解读。内容包括:常用检测设备的使用,整车控制系统(VCU)、驱动电机控制系统(MCU)、动力电池管理系统(BMS)、充电控制系统的控制逻辑、常见故障的检测诊断方法及步骤。

本书采用大量实车拍摄的图片和检测诊断视频,通俗易懂,可作为广大新能源汽车售后服务人员、职业院校学生学习新能源汽车知识的学习用书。

图书在版编目(CIP)数据

手把手教你检测诊断新能源汽车电控系统 / 林绪东,邓远锋,蓝勇飞编著. -- 北京 : 机械工业出版社,2024. 10. --(跟我学做一流汽修技师丛书)-- ISBN 978-7-111-76612-4

Ⅰ. U469.707

中国国家版本馆CIP数据核字第2024J782L3号

机械工业出版社(北京市百万庄大街22号 邮政编码100037)
策划编辑:齐福江 责任编辑:齐福江 李崇康
责任校对:王荣庆 牟丽英 封面设计:鞠 杨
责任印制:李 昂
北京捷迅佳彩印刷有限公司印刷
2024年11月第1版第1次印刷
184mm×260mm・11印张・224千字
标准书号:ISBN 978-7-111-76612-4
定价:80.00元

电话服务   网络服务
客服电话:010-88361066   机 工 官 网:www.cmpbook.com
          010-88379833   机 工 官 博:weibo.com/cmp1952
          010-68326294   金 书 网:www.golden-book.com
封底无防伪标均为盗版   机工教育服务网:www.cmpedu.com

前　言

据中国汽车工业协会统计，2023 年我国新能源汽车产销量分别为 958.7 万辆和 949.5 万辆，同比分别增长 35.8% 和 37.9%，市场占有率达 31.6%。其中，纯电动汽车销售 668.5 万辆，同比增长 24.6%；插电式混合动力汽车销售 280.4 万辆，同比增长 84.7%；燃料电池汽车销售 0.6 万辆，同比增长 72%。

2023 年 4 月 28 日，中共中央政治局分析研究当前经济形势和经济工作时提出，要巩固和扩大新能源汽车发展优势，加快推进充电桩、储能等设施建设和配套电网改造；5 月 5 日，国务院常务会议要求，进一步优化支持新能源汽车购买使用政策，鼓励企业丰富新能源汽车供应；6 月 2 日，国务院常务会议研究了促进新能源汽车产业高质量发展的政策措施。无论是国家还是地方政府都非常重视新能源汽车的发展，而熟悉新能源汽车技术的人才相当缺乏。

本书选取当前市场主流的比亚迪、吉利车型的电控系统，以实际发生的故障案例为内容，从电控系统的控制逻辑、控制策略入手，以实际故障诊断的步骤为主线进行编写，符合读者的认知规律。编写时采用大量实车拍摄图片及视频，以"图文 + 视频讲解"的方式讲解新能源汽车电控系统的检测和常见故障的诊断方法，内容新颖、图文并茂、通俗易懂。

在本书编写过程中，除了所列参考文献外，还使用了一些发表在网络上的图片，在此对原作者表示由衷的感谢。

作者

二维码清单

名称	图形	页码	名称	图形	页码
吉利整车控制器（VCU）电路解读		016	吉利 EV450 驾驶舱熔丝		041
吉利 EV450 前舱布局		031	秦 PLUS EV 驾驶舱熔丝		042
比亚迪秦 PLUS EV VCU 位置		031	整车控制器无供电，仪表显示的故障现象		049
吉利 EV450 整车控制器线束插接器的拆装		032	熔丝通断的检测		056
比亚迪秦 PLUS EV 整车控制器线束插接器的拆装		035	测量互锁 CA66 线插 58 号脚到 CA67/76 电阻		085
VCU 插接器 CA66 端口定义		036	CA67 186 号端子制动灯常闭信号测量		104
秦 PLUS EV 前机舱熔丝和继电器		041	吉利 EV450 VCU CA67 线束插接器 86 号端子电压		104

（续）

名称	图形	页码	名称	图形	页码
CA67/96号端子制动灯常开信号测量		105	电机控制器BV11插接器11号端子接地测量		126
吉利EV450 VCU CA67线束插接器96号端子电压		106	比亚迪秦PLUS EV动力电池插接器的拆装注意事项		139
制动灯开关到VCU线路通断测量		106	车载充电机插接器BV10（电源）电压测量		157
比亚迪秦PLUS EV电机控制器插接器的拆装		120	车载充电机BV10插接器6号端子对地电阻的测量		158
电机控制器BV11插接器26号端子对地电压测量		124	BV11唤醒线（14号端子）到VCU插接器CA66（16号端子）通断		160
电机控制器BV11插接器25号端子对地电压测量		125	比亚迪秦PLUS EV三合一总成插接器的拆装		161

目 录

前言
二维码清单

第一章 诊断基础 / 001

第一节 新能源汽车电控系统诊断工具和防护工具 / 001
一、新能源汽车电控系统诊断工具 / 001
二、新能源汽车电控系统检修防护工具 / 007

第二节 新能源汽车维修安全措施 / 009
一、电动新能源汽车维修安全须知 / 009
二、电动新能源汽车修理安全措施 / 009
三、电动新能源汽车维修安全操作注意事项 / 010
四、电动新能源汽车检修动力电池时的注意事项 / 011

第二章 整车控制系统的诊断 / 012

第一节 整车控制器（VCU）的功能 / 012
一、整车控制器（VCU）的控制逻辑 / 012
二、整车控制器（VCU）的主要功能 / 012

第二节 整车控制系统电路图的识别 / 016
一、整车控制器（VCU）电源电路识别 / 016
二、整车控制器（VCU）接地电路识别 / 022
三、整车控制器（VCU）信号采集电路识别 / 022
四、整车控制器（VCU）执行器电路识别 / 029

第三节 整车控制器的拆装和插接器端口识别 / 030
一、整车控制器（VCU）的安装位置 / 030
二、整车控制器（VCU）的拆装 / 032
三、整车控制器（VCU）插接器端口端子的识别 / 036

第四节　整车控制器的供电系统 / 040

　　一、蓄电池 / 040

　　二、熔丝盒安装位置 / 040

　　三、熔丝和继电器的识别 / 042

第五节　整车控制器（VCU）供电异常无法上电故障诊断 / 049

　　一、整车控制器（VCU）电源分析 / 049

　　二、整车控制器（VCU）供电检测 / 053

　　三、整车控制器（VCU）接地检测 / 073

　　四、整车控制器（VCU）的更换 / 078

第六节　高压互锁异常造成无法上电故障诊断 / 081

　　一、吉利 EV450 高压互锁检测 / 081

　　二、比亚迪秦 PLUS EV 高压互锁故障检测 / 087

第七节　加速踏板位置传感器异常造成车辆无法加速故障诊断 / 092

　　一、加速踏板位置传感器工作原理 / 092

　　二、故障检测诊断 / 093

第八节　制动灯开关异常造成无法上电故障诊断 / 101

　　一、吉利 EV450 制动灯开关故障诊断 / 101

　　二、比亚迪秦 PLUS EV 制动灯开关故障诊断 / 108

第三章　驱动电机控制系统诊断 / 111

第一节　驱动电机控制系统 / 111

　　一、驱动电机控制系统（MCU）主要功能 / 111

　　二、驱动电机控制系统（MCU）控制策略 / 113

　　三、电机控制器插接器端口定义 / 116

第二节　电机控制系统供电故障诊断 / 121

　　一、吉利 EV450 电机控制器供电、接地检测 / 121

　　二、比亚迪秦 PLUS EV 电机控制器供电和接地检测 / 127

第四章 动力电池管理系统诊断 / 132

第一节 动力电池管理系统的认识 / 132
一、吉利 EV450 动力电池管理系统 / 132
二、比亚迪秦 PLUS EV 动力电池控制器 / 137

第二节 动力电池管理系统电源故障诊断 / 141
一、吉利 EV450 动力电池管理系统供电电源检测 / 141
二、比亚迪秦 PLUS EV 动力电池管理系统供电、接地检测 / 146

第五章 充电控制系统诊断 / 149

第一节 充电控制系统的控制策略 / 149
一、吉利 EV450 充电控制系统 / 149
二、比亚迪秦 PLUS EV 三合一充配电总成 / 153

第二节 充电控制系统电源故障诊断 / 156
一、吉利 EV450 充电控制系统电源检测 / 156
二、吉利 EV450 唤醒电路检测 / 159
三、比亚迪秦 PLUS EV 三合一充配电总成检测 / 160

附录 新能源汽车常用英文缩略语 / 166

参考文献 / 168

第一章 诊断基础

第一节 新能源汽车电控系统诊断工具和防护工具

一、新能源汽车电控系统诊断工具

1. 新能源汽车故障诊断仪

新能源汽车故障诊断仪是诊断新能源汽车电控系统必不可少的仪器,有汽车品牌专用的,比如比亚迪新能源汽车专用故障诊断仪,也有通用型,比如元征生产的 X-431EV MAX V7.00。主要功能有智能诊断(读取故障码、读取数据流)、电池包检测、部件测试、特殊功能、在线编程等(图1-1)。

图1-1　新能源汽车专用故障诊断仪

新能源汽车故障诊断仪使用步骤:

第一步,在车上找到OBD诊断接口位置,连接诊断仪或蓝牙。

在车上找到OBD诊断接口位置,大部分车辆的OBD诊断接口位于驾驶座方向盘柱左下侧的位置,见图1-2。

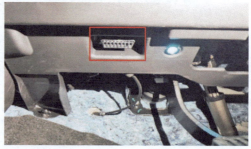

图 1-2　OBD 诊断接口位置

第二步,打开系统,选择要进入的系统。

打开诊断仪,选择要进入的系统,比如电池检测、诊断、部件测试、特殊功能等,见图 1-3。

图 1-3　打开系统,进入新能源界面

第三步,选择车型。

进入车型选择界面,选择自动识别车型或手动选择车型,如果选择手动选择,单击手动选择车型,进去后再选具体的车型,见图 1-4。

第四步,诊断。

进入诊断界面,单击相应的功能,比如读取故障码、清除故障码、读取数据流、运作测试、特殊功能,见图 1-5。

图 1-4　选择车型

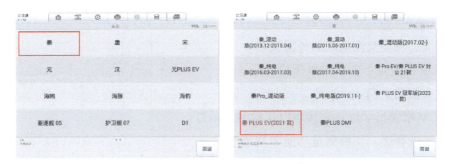

图 1-4　选择车型（续）

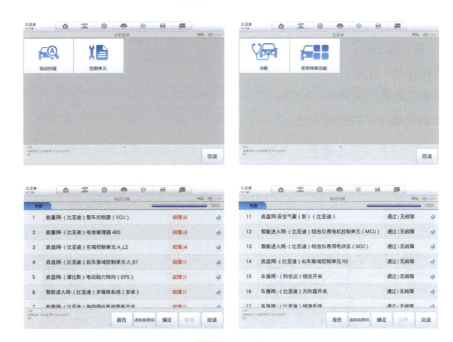

图 1-5　诊断

2. 钳形表

数字钳形表是一种用于测量正在运行的电气线路的电流大小的仪表，它能够在不断电的情况下进行电流测量，是专门测量交流大电流的电工仪器，见图 1-6。主要功能有可用于测量交直流电压、交流电流、电阻、电容、二极管正向压降、电路通断、频率和占空比等。

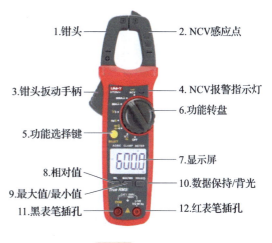

图 1-6　钳形表

(1)外表结构

1)钳头：测量交流电流的传感装置。

2)NCV 感应点：非接触电压检测点。

3)钳头扳动手柄。

4)NCV 报警指示灯：非接触电压检测指示灯。

5)功能选择键：切换测量功能和测量模式。

6)功能转盘：测量功能档位的选择。

7)显示屏：测量数据及功能符号显示。

8)相对值。

9)最大值 / 最小值。

10)数据保持 / 背光。

11)黑表笔插孔：公共端（COM）。

12)红表笔插孔：功能输入端。

(2)数字钳形表常用功能使用步骤

1)直流 / 交流电流测量步骤：旋转功能转盘，选择电流测量档位（60A 或者 600A 档），同时根据测量对象的不同，选择功能选择键的直流（DC）或交流（AC）测量功能，见图 1-7、图 1-8。

图 1-7　直流电流测量

图 1-8　交流电流测量

2)直流 / 交流电压（V 档）测量步骤：旋转功能转盘，选择电压测量档位，同时根据测量对象的不同，选择功能选择键的直流（DC）或交流（AC）测量功能，使用表笔进行测量，见图 1-9、图 1-10。

3)电阻测量步骤：旋转功能转盘，选择电阻测量档位（二极管档、电阻档、电容档、蜂鸣档为同一档位），将黑色表笔和红色表笔接入相应电路中，即可测量对象对应的电阻值，见图 1-11。

第一章 诊断基础

图 1-9　直流电压测量　　　　　　图 1-10　交流电压测量

4）温度测量步骤：旋转功能转盘，选择温度测量档位（℉ ℃档），把温度探头黑色端插入公共端COM孔，红端在另一孔中，功能选择键可以在℃与℉之间切换单位，测量温度时将温感探头接触测量对象即可，见图1-12。

图 1-11　电阻测量　　　　　　图 1-12　温度测量

3. 绝缘测试仪器

绝缘测试仪，俗称兆欧表，是一种用于测量电气设备、电器绝缘材料绝缘性能的仪器。原理是通过在绝缘系统上施加直流电压，并测量由此产生的电流，以此计算设备或物体上的绝缘电阻值，判断被检测设备或物体的绝缘状态和质量。

（1）外表结构（图1-13）

1）显示液晶屏。

2）选择按钮。

3）应急关机按钮。

4）背光与数据清除按钮。

5）电源开关按钮。

6）比较功能按钮。

7）绝缘电阻测量按钮。

8）电压测量按钮。

9）定时器按钮。

10）低电阻测量按钮。

11）测试使用按钮。

12）步进选择按钮。

13）数据存储按钮。

14）读存储数据按钮。

15）LINE：电阻输入插孔。

16）COM：电压输入插孔。

17）EARTH：电阻输入插孔。

18）V：电压输入插孔。

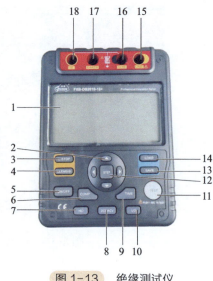

图1-13　绝缘测试仪

（2）电压测量

按DCV/ACV键设置到直流电压测量档，再按可设置到交流电压测量档，如此循环设置。将红测试线插入"V"输入端口，黑测试线插入"COM"输入端口；将红、黑鳄鱼夹接入被测电路，当测量直流电压时，若红测试线为负电压，则"–"负极标志显示在液晶屏上。见图1-14，测量蓄电池电压值为13V。

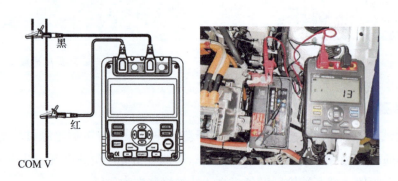

图1-14　电压测量连接示意图及实际测量图

（3）电阻测量

绝缘电阻测量：按绝缘电阻测量按钮（Ho键）设置到绝缘电阻测量档，按▲和▼选择测试电压100V/250V/500V/1000V中之一档位电压。在测量绝缘电阻前，待测电路必须完全放电，并且与电源电路完全隔离；将红测试线插入"LINE"输入端口，黑测试线插入"EARTH"输入端口;将红、黑鳄鱼夹接入被测电路,正极电压是从 LINE 端输出的;选择绝缘电阻测量模式(连续测量模式、定时测量、极化指数测量、比较功能测量),按照不同模式测试步骤测量即可。

低电阻测量:按低电阻测量按钮(Lo 键)设置到低电阻测量档,低电阻测量范围 0.1Ω~999.9Ω。在测量电阻前,待测电路必须完全放电,并且与电源电路完全隔离;将专用双头红色测试线插入"LINE"输入端口,专用单头黑色测试线插入"EARTH"输入端口;将鳄鱼夹接入被测电路后开始进行低电阻测量,当电阻小于 30Ω 时,蜂鸣器叫;此档可检测发光二极管,发光二极管正极接红测试线,若发光二极管亮,则发光二极管是好的,若发光二极管不亮,则发光二极管被损坏。见图 1-15,测量预充电阻值为 98.9Ω。

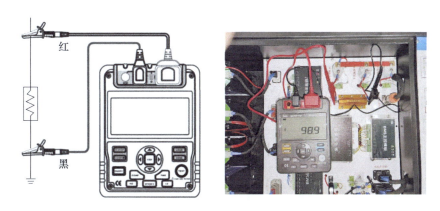

图 1-15 电阻测量连接示意图及实际测量图

二、新能源汽车电控系统检修防护工具

1. 绝缘护具

维修新能源汽车需要的绝缘护具有:绝缘防护服、绝缘胶鞋、防护眼镜、绝缘手套(图 1-16)。

图 1-16 绝缘护具

2. 绝缘工具

维修新能源汽车需要的绝缘工具有:绝缘胶垫、绝缘工具、动力电池安装堵盖、动力电池工作台(图1-17)。

图1-17　绝缘工具

3. 维修场地

维修新能源汽车场地要求有:高压警示牌、高压水枪和大量的水、警戒线、专用维修工位接地线(图1-18)。

图1-18　维修场地

第二节　新能源汽车维修安全措施

一、电动新能源汽车维修安全须知

1. 电动新能源汽车用电设备分类

纯电动轿车上的用电设备分低压用电部件与高压用电部件，低压用电部件包括：仪表、音响、灯光、喇叭、蜂鸣器和鼓风机等；高压用电部件包括：驱动电机、驱动电机控制器、高压电池组、高压配电箱、高压变换器（DC/DC 变换器）、车载充电机、空调压缩机、加热器（PTC）等。

2. 电动新能源汽车维修安全须知

高压部件上贴有橙黄色警告标签，工作前必须仔细阅读警告标签上的内容。为了避免触电伤害，禁止触碰高压部件、高压电缆（橙色）及其连接头。如果车上的电缆裸露或破损，禁止触碰，以防触电。禁止非专业维修人员随意解除、拆解或改装用电设备，否则触碰到高压电将导致人员烧伤、甚至触电死亡等严重后果。

二、电动新能源汽车修理安全措施

1. 绝缘防护用品的穿戴要求

1）穿好绝缘防护服。

2）穿好绝缘胶鞋。

3）戴好防护眼镜。

4）戴好绝缘手套：根据工作情况选择相应的防高压电工手套或防电池电解液酸碱性手套。

💥 **特别注意**：使用前必须检查绝缘防护用品，保证其无破损、无破洞和裂纹、内外表面清洁、干燥，不能带水进行操作，确保安全。

2. 绝缘工具的使用要求

1）在维修区域垫上绝缘胶垫。

2）维修人员对带电部件操作时必须使用绝缘工具。

3）在断开直流母线后必须使用动力电池安全堵盖将直流母线两侧端子堵住。

4）检修动力电池和电控元件时必须使用带绝缘垫的专业工作台。

🔴 **特别注意**：使用前必须检查绝缘工具，保证其无破损、无破洞和裂纹、内外表面清洁、干燥，不能带水进行操作，确保安全。

3. 维修场地要求

1）在维修作业前需采用隔离措施：使用警戒栏隔离，并树立高压警示牌，以警示不相关人员远离该区域，避免发生安全事故。

2）维修场地指定位置必须配备消防栓，使用清水灭火。

3）在维修高压设备前，将车身用搭铁线连接到电动车专用维修工位的接地线上。安装专用的交流电路（220V、50Hz、16A）和电源插座。如果给电动车充电时没有使用专用线路，可能影响线路上其他设备的正常工作。

4）保持工作环境干净且通风良好，远离液体和易燃物。

4. 维修操作安全注意事项

高压系统下电（断开直流母线后），需要等待 5min 以上，待电机控制器、充电机等内部有电容元件的部件充分放电。

维修车辆时，必须设置专职监护人一名，监护人和维修人员必须具备国家认可的特种作业操作证（电工）与初级（含）以上电工证（职业资格证书）。

监护人工作职责为监督维修的全过程：

1）监督维修人员组成、工具使用、防护用品佩戴、备件安全保护、维修安全警示牌等是否符合要求。

2）负责对维修过程中的安全维修操作规程进行检查，监护人要按安全维修操作规程进行检查，监护人要按安全维修操作规程指挥操作，维修人员在做完一个操作后要告知监护人，监护人要在作业流程单上做标记。

3）禁止未经培训的人员进行高压部分的检修，禁止一切人员带有侥幸心理进行危险操作，避免发生安全事故。

三、电动新能源汽车维修安全操作注意事项

1. 检修高压系统时的注意事项

1）在车辆上电前，注意确认是否还有人员在进行高压维修操作，避免发生危险。

检修高压系统时，断开启动开关电源，脱开蓄电池负极电缆和断开直流母线，由专职监护人员保管，并确保在维修过程中不会有人将其重新安装。

检修高压线时，对拆下的任何裸露出的高压部位，应立刻用绝缘胶带包扎绝缘。

2）安装高压线时，必须按照车身固定孔位要求将线束固定好。

3）不能用手指触摸高压线束插接件里的带电部分以免触电，另外应防止有细小的金

属工具或铁条等接触到插接件中的带电部分。

2. 使用万用表测量时的注意事项

1）检修高压系统前应使用万用表测量整车高压回路，确保无电，方法如下：断开直流母线 5min 后，测量动力电池和车身之间的电压来初步判断是否漏电，若检测到电压 ≥50V，应立即停止操作，检查判断漏电部位。

2）使用万用表测量高压时，需注意选择正确量程，检测用万用表精度不低于 0.5 级，要求具有直流电压测量档位，量程范围 ≥500V。

3）使用万用表测量高压时，需遵守"单手操作"原则。

4）所使用的万用表一根表笔线上配备绝缘鳄鱼夹（要求耐压为 3kV，过流能力大于 5A），测量时先把鳄鱼夹夹到电路的一个端子，然后用另一只表笔接到需测量端子测量读数，每次测量时只能用一只手握住表笔。

5）使用万用表测量高压时，严禁触摸表笔金属部分。

3. 车辆发生异常、事故、火灾和浸水时的注意事项

1）如果车辆发生事故，不允许再次启动车辆，并且在救援前将直流母线断开。

2）如果车辆起火，则应立即使用大量清水灭火。

3）车辆浸入水中，在打捞前必须等待水面无气泡和滋滋声产生，电量消耗后，穿戴好绝缘防护用品才能进行打捞作业，以防触电。

四、电动新能源汽车检修动力电池时的注意事项

1. 检修防护

在检修动力电池时为了防止电解液泄漏造成人员伤害，维修人员必须佩戴防止电池电解液酸碱性手套和防护眼镜，以防止电解液腐蚀皮肤和溅入眼中。若皮肤或眼睛不慎与电解液接触，请立即用大量清水冲洗，并立即就医以避免伤害。

2. 维修安全

断开直流母线只是切断了从动力电池到高压用电设备的电源，动力电池仍然是有电的，当需要检修动力电池时，应使用绝缘胶带包好裸露出的高压部件，避免触电。

3. 动力电池搬运

搬运动力电池至电池维修专业工作台时，必须使用动力电池专用吊架，严禁直接用手抬动动力电池。

第二章　整车控制系统的诊断

第一节　整车控制器（VCU）的功能

一、整车控制器（VCU）的控制逻辑

整车控制器（VCU）是整车控制中心，接收来自驾驶人操作指令（启动、换档、加速、减速、制动等），向相关的部件发出指令，使车辆按驾驶人的意图行驶。同时通过CAN线与电机控制器（MCU）、车载充电机（OBC）、动力电池管理系统（BMS）、整车热管理系统、车身控制模块（BCM）等通信（图2-1）。在系统运行过程中，VCU针对收集到的关键信号进行分析判断，启动保护功能，视故障对行车安全的影响进行分级保护，紧急情况下可以关掉高压上电，车辆将无法行驶，保护行驶的安全。

二、整车控制器（VCU）的主要功能

解析驾驶需求、监控车辆行驶状态、协调BMS、MCU、OBC、DC/DC变换器等工作，实现整车上下电、驱动控制、能量回收、通用件控制、故障诊断等功能。

1. 收集、分析处理驾驶人意图信息

主要是对驾驶人操作信号进行分析处理，也就是将驾驶人的加速踏板信号和制动踏板信号根据某种规则转化成电机的转矩需求命令。

当驾驶人踩下加速踏板或制动踏板时，驱动电机输出一定的驱动功率或再生制动功率。加速踏板开度越大，驱动电机的输出功率越大。因此，VCU要合理解析驾驶人操作，接收整车各系统的反馈信号，为驾驶人提供决策反馈，对整车各子系统发送控制指令，以实现车辆的正常行驶。

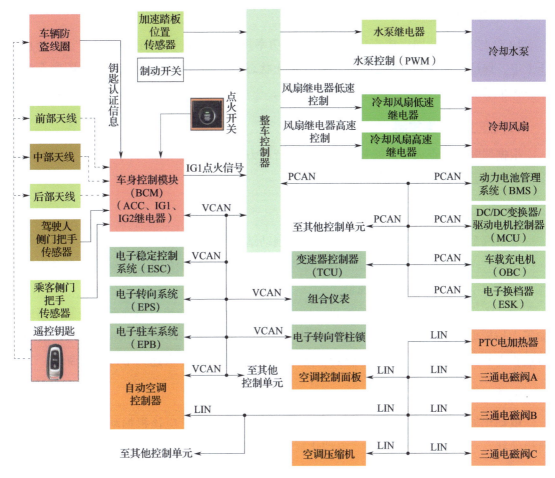

图 2-1　吉利 EV450 整车控制器（VCU）控制逻辑图

2. 驱动控制

根据驾驶人对车辆的操纵输入（加速踏板、制动踏板以及选档开关）、车辆状态、道路及环境状况，经分析和处理，在动力电池技术状态允许的前提下，向 MCU 发出相应的指令，控制电机的驱动转矩来驱动车辆，以满足驾驶人对车辆的动力性要求，同时根据车辆状态，向 MCU 发出相应指令，从而保证车辆的安全性、舒适性。

3. 制动能量回收控制

VCU 根据加速踏板的开度、车辆行驶状态信号以及动力电池的状态信号（如 SOC 值）来判断能否进行能量回收，在满足安全、制动、舒适性的前提下回收部分能量。

4. 整车能量优化管理

通过对汽车的电机驱动系统、BMS、传动系统以及其他车载能源系统（如空调、冷却风扇、电动泵等）的协调和管理，提高整车能量利用效率，提高汽车的续驶里程。

5. 充电过程控制

VCU 与 BMS 共同完成充电过程的充电功率控制，VCU 接到充电信号后，会禁止高压上电，保证车辆在充电状态下车辆处于锁止状态，并根据动力电池状态信号限制充电功率，保护动力电池。

6. 高压上、下电控制

根据驾驶人对点火开关的控制指令，进行动力电池高压继电器开关控制，以完成高压设备的电源通断和预充电控制。

7. 上坡辅助功能控制

电动汽车在坡上起步时，驾驶人从松开制动踏板到踩下加速踏板过程中，会出现整车向后溜车的现象；在坡上行驶过程中，如果驾驶人踩加速踏板的深度不够，整车会出现车速逐渐降到零然后向后溜车的现象。

为了防止电动汽车在坡上起步和运行时向后溜车现象，在电动汽车整车控制策略中增加了上坡辅助功能，它可以保证整车在坡上起步时，向后溜车小于 10cm，整车在坡上运行过程中如果动力不足，整车车速会慢慢降到零，然后保持零车速，不再向后溜车。

8. 电动化辅助系统管理

电动化辅助系统包括电子制动、电动助力转向等，VCU 应该根据动力电池以及辅助蓄电池状态，对 DC/DC 变换器、电动化辅助系统进行监控。

9. 车辆状态的实时监测和显示

VCU 对车辆的状态进行实时监测，并且将各个系统的信号通过传感器和 CAN 总线发送给车载信号显示系统，将状态信号和故障诊断信号显示出来。

10. 行车控制模式

1）正常模式：按照驾驶人意愿、车载负荷、路面情况和气候环境的变化，调节车辆的动力性、经济性和舒适性。

2）跛行模式：当车辆某个系统出现中度故障时，此时将不采纳驾驶人的加速请求，启用跛行模式，最高车速可以限制在 9km/h。

3）停机保护模式：当车辆某个系统出现严重故障时，VCU 将停止发出指令，进入停机状态。

11. 故障诊断与处理

VCU 连续监视车辆的运行状态，根据传感器的输入及其他通过 CAN 总线通信得到的电机、动力电池、充电机等的信号，对各种故障进行判断、等级分类、警告显示。

12. 热管理控制

VCU 对充电过程和车辆运行过程中的温度进行热管理。驱动电机转子高速旋转会产生高温，如果不加以降温，驱动电机将无法正常工作，因此驱动电机机体内设置有冷却液道，通过冷却液的循环与外界进行热交换。这样能将驱动电机的工作温度保持在一定范围内，防止驱动电机过热。MCU 不但控制驱动电机的高压三相供电，还可将动力电池的高压直流电转化成低压直流电为辅助蓄电池充电。在此过程中会产生热量，需要通过冷却液循环进行散热。在车辆充电过程中，OBC 内部绝缘栅双极型晶体管（IGBT）和 MCU 内部的 IGBT 工作，产生大量热量，如果这些热量不散发，将导致 IGBT 高温后性能下降，严重时可能引发安全事故，因此也需要通过冷却液循环进行散热。

13. 主动放电模式

主动放电用于高压直流端电容的快速放电。主动放电指令来自 VCU 并由 MCU（PEU）内部执行。

14. 动力系统防盗控制

车辆无钥匙进入和启动功能可以使驾驶人直接拉门把手即可进入车辆，并使用一键式启动按钮启动车辆。当驾驶人拉动车门把手时，无钥匙进入系统检测周围遥控器（FOB）的有效性，遥控器发出信号回应车辆，并使 BCM 解锁所有车门。

当驾驶人按下启动开关，BCM 检测车辆防盗线圈周围遥控器（UID）的有效性，遥控器发出信号回应车辆，以解锁转向柱电子锁（ESCL），此时，BCM 通过 V-CAN 网络系统与 VCU 进行信号认证，若所有信号有效，动力系统执行高压上电流程。如果信号错误，将导致车辆触发防盗报警系统，应急警告灯闪烁，喇叭蜂鸣，高压不上电。

15. DC/DC 变换器

MCU 中的 DC/DC 变换器将高压直流端的高压电转换成指定的直流低压电（12V 低压系统），给低压的蓄电池充电。

16. VCU 的 CAN 总线网络化管理

在整车的网络管理中，VCU 是信号控制的中心，负责信号的组织与传输、网络状态的监控、网络节点的管理、信号优先权的动态分配以及网络故障的诊断与处理等，同时通过 CAN（EVBUS）线协调 BMS、MCU、空调系统等单元间的相互通信。

17. 基于 CCP（CAN Calibration Protocol）的在线匹配标定

基于 CCP 的在线匹配标定主要作用是监控各 ECU 工作变量、在线调整各 ECU 的控制参数（包括 MAP、曲线及点参数）、保存标定数据结果以及处理离线数据等。完整的标定系统包括上位机 PC 标定程序、PC 与 ECU 通信硬件连接及 ECU 标定驱动程序三个部分。

18. 换档控制

档位控制关系驾驶人的安全，应正确理解驾驶人意图，正确识别车辆的档位，在出现故障时做出相应处理，保证整车安全，在驾驶人出现档位误操作时通过仪表等提示驾驶人，使驾驶人能迅速做出纠正。

19. 远程监控

新能源汽车都配有远程监控装置，操作人员可以从主机厂后台获取车辆的行驶数据，对数据进行分析，可以对车辆的故障进行初步判断。

第二节　整车控制系统电路图的识别

整车控制系统主要由控制单元、相关传感器、执行器组成。要读懂电控系统的电路图，应分系统看，首先找到控制单元的供电、接地部分，其次才找相关的信号采集装置（传感器、开关）、执行器。任何一个电气系统要正常工作，必须形成一个回路，也就是说供电和接地必须正常。

图 2-2、图 2-3 分别为吉利 EV450、比亚迪秦 PLUS EV 纯电动汽车整车控制系统电路图，主要由 VCU、供电电路、接地电路、输入信号电路（加速踏板位置传感器、制动开关、驾驶模式开关、变速器换档开关）、执行器电路（高速风扇继电器、低速风扇继电器、冷却水泵继电器）、高压互锁等电路组成。

一、整车控制器（VCU）电源电路识别

1. +B 常火电源

扫一扫
吉利整车控制器（VCU）电路解读

控制器供电一般有蓄电池直供（不经过点火开关）的常火电源和经过点火开关的开关电源。吉利 EV450 整车控制器有常火电源，见图 2-2，+B（电池正极）经过 EF29（10A）熔丝到 VCU，为 VCU 提供工作电源，同时为 VCU 提供记忆电源，保证 VCU 的存储功能。这条供电线非常重要，它是 VCU 进入休眠及唤醒的保证，也是 CAN 通信、动力电池充电的控制电源。比亚迪秦 PLUS EV 整车控制器无常火电源，见图 2-3，只有 IG3 电源。

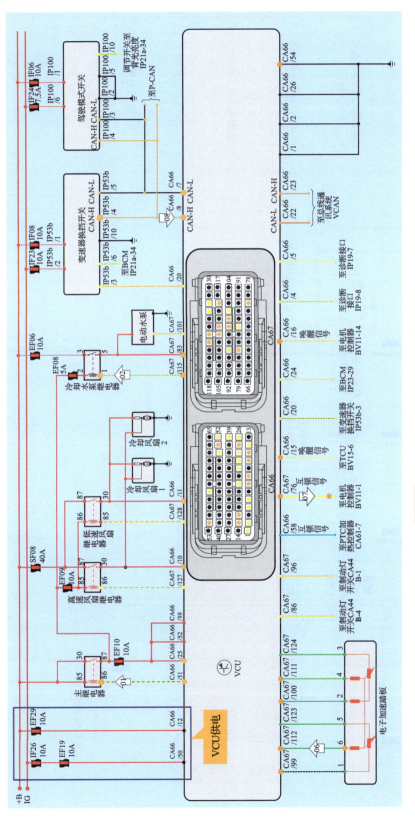

图 2-2　吉利 EV450 整车控制系统电路图

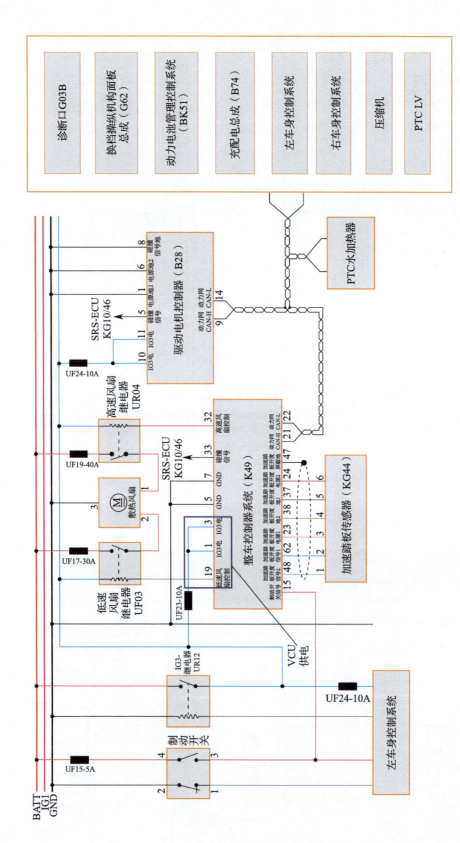

图 2-3 比亚迪秦 PLUS EV 整车控制系统电路图

> **特别注意**：吉利 EV450 此电源如果工作异常，会导致动力系统防盗功能激活，高压不上电（相当于传统燃油发动机无法起动），应急警告灯闪亮，防盗报警。此电源工作异常，要首先检查 EF29（10A）熔丝是否熔断，再检查线路故障，具体如何检测在后面内容叙述。

2. IG（点火开关）电源

（1）吉利 EV450 IG 电源

见图 2-4，吉利 EV450 点火开关电源从点火开关经过 IF26（驾驶舱熔丝盒）、EF19（前机舱熔丝盒）两个熔丝到 VCU。IG（点火开关）电源为 VCU 的唤醒信号，相当于点火开关打到 ON 的位置，电源从点火开关经过熔丝后到达 VCU，使 VCU 进入正常的工作状态，同时也是 VCU 判断车辆所处运行状态的依据。点火开关关闭 30s 后，VCU 发送 DC/DC 变换器关闭信号至 DC/DC 变换器 /MCU，DC/DC 变换器停止工作，不再对外输出电压。70s 左右 VCU 继电器 ER05 断开，车辆功率电源（高速风扇、低速风扇）断开。

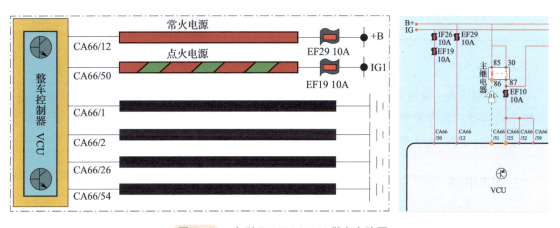

图 2-4 吉利 EV450 VCU 供电电路图

> **特别注意**：此电源如果出现异常，高压将无法上电，车辆无法启动。因为 VCU 无法收到点火开关唤醒信号，虽然 VCU 通过总线接收到开关信号，同时从其他单元发出的 CAN 信号得知点火开关已打开，可以判断点火开关打开"不合法"，动力系统防盗功能激活，高压无法上电，防盗报警打开。

（2）比亚迪秦 PLUS EV IG 电源

见图 2-5，比亚迪秦 PLUS EV 整车控制器没有 +B 常火电源，供电由左车身控制器工作后控制 IG3 继电器工作，电源由蓄电池经过 IG3 继电器，再经过 UF23（10A）熔丝到整车控制器，为整车控制器提供工作电源，此电源既是整车控制器的工作电源也是整车控制器的唤醒电源。

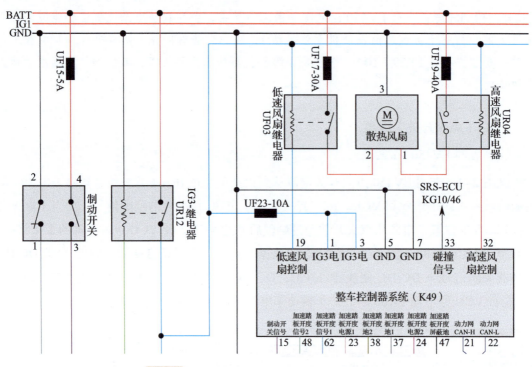

图 2-5 比亚迪秦 PLUS EV VCU 供电电路图

> **特别注意**：IG3 电源如果出现异常，整车控制器将无法工作，高压将无法上电，车辆无法启动。整车控制器与电池管理系统、充配电总成、驱动电机控制器、车身控制系统、压缩机、PTC 失去通信。

3. 功率电源

吉利 EV450 和比亚迪秦 PLUS EV 不一样的地方是，吉利 EV450 还有功率电源。见图 2-6、图 2-7，吉利 EV450 VCU 的主继电器 ER05 为 VCU 提供功率电源，即高压互锁、水泵控制、水泵继电器控制、加速踏板位置传感器控制、冷却风扇继电器控制等，如果主继电器 ER05 的控制、电源、自身出现故障，将导致 VCU 丢失功率电源，高压互锁、水泵控制、水泵继电器控制、加速踏板位置传感器控制、冷却风扇继电器控制等异常，造成 VCU 启动保护模式，致使高压上电失败。如果至 VCU 的继电器反馈信号出现异常，VCU 将认为继电器工作信号不可信，也将导致 VCU 启动保护模式，致使高压上电失败；继电器给 VCU 供电的功率电源有一路出现故障，由于两路在 VCU 内部并联，因此电源不会丢失，但如果两路都出现异常，将导致 VCU 丢失功率电源，高压互锁、水泵控制、水泵继电器控制、加速踏板位置传感器控制、冷却风扇继电器控制等异常，造成 VCU 启动保护模式，致使高压上电失败。

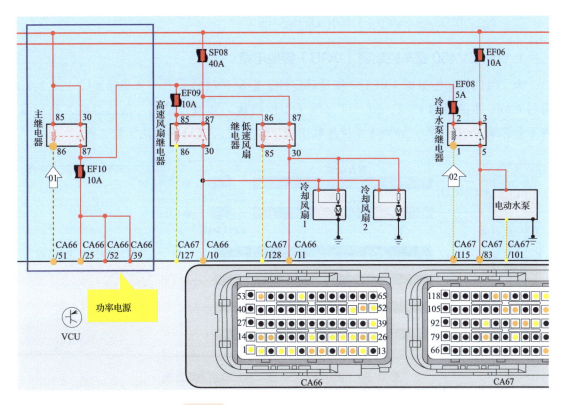

图 2-6 吉利 EV450 功率电源电路图

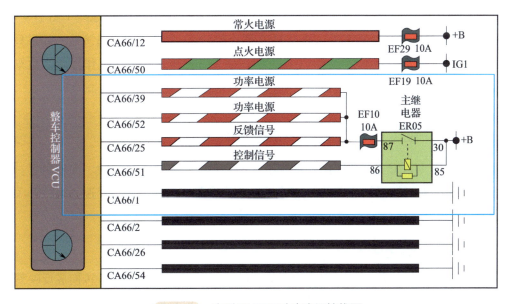

图 2-7 吉利 EV450 功率电源接线图

二、整车控制器（VCU）接地电路识别

1. 吉利 EV450 整车控制器（VCU）接地电路

为了保证整车控制器（VCU）接地稳定性，吉利 EV450 设计了 4 条接地线（图 2-8），通过 CA66 插接器的 1、2、26、54 号端子引出接地。如果只是某一条接地线工作异常，将不会影响 VCU 工作，如果 4 条接地线出现工作异常，VCU 将无法正常工作。

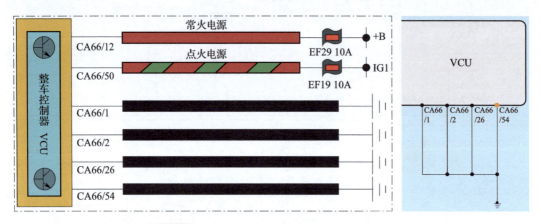

图 2-8　吉利 EV450 整车控制器接地电路图

2. 比亚迪秦 PLUS　EV 整车控制器（VCU）接地电路

为了保证整车控制器接地稳定性，比亚迪秦 PLUS EV 设计了双接地线（图 2-9），比吉利 EV450 整车控制器少了 2 条，通过 K49 插接器的 5、7 号端子引出接地。如果只是某一条接地线工作异常，将不会影响 VCU 工作，如果 2 条接地线出现工作异常，整车控制器将无法正常工作。

三、整车控制器（VCU）信号采集电路识别

整车控制器（VCU）是整车的控制中心，控制整车上电、车辆行驶、充放电等。主要收集反映驾驶人对车辆操控意图的加速踏板位置传感器、制动开关、变速器换档开关、驾驶模式开关等信号。

1. 加速踏板位置传感器

加速踏板位置传感器，主要用于检测加速踏板的开度，并把该信号转换成反映驾驶人对车辆操控意图的电子信号，输送给 VCU，VCU 内部运算处理后，把此信号转换为驱动电机转速、转矩的目标电子信号，通过 CAN 总线把信号传输给 MCU，作为 MCU 控制驱动电机转速、转矩、能量回收的重要参考信号。

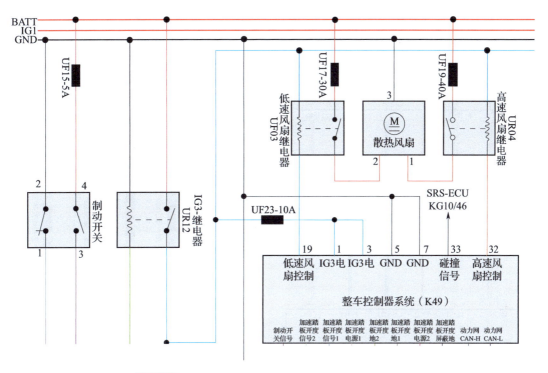

图2-9 比亚迪秦 PLUS EV 整车控制器接地电路图

（1）加速踏板位置传感器结构

为保障系统安全，加速踏板位置传感器设计成双输出传感器，分别由两个滑动电阻式传感器 APS1、APS2 组成，两个传感器在同一基准电压下工作，基准电压由 VCU 提供。

（2）加速踏板位置传感器工作原理

随着加速踏板位置的改变，电位计滑动触点与其他端子之间的阻值也发生线性变化，由此产生能反映加速踏板踩踏量大小和变化速率的电压信号，并输入 VCU，这两个传感器与加速踏板制成一体。电位计式加速踏板位置传感器以分压线路原理工作，VCU 供给传感器线路 5V 参考电压。电位计加速踏板通过转轴与传感器内部的滑动变阻器的电刷连接，加速踏板位置传感器的位置改变时，电刷信号线与搭铁端之间的电压发生改变，VCU 内部的受压线路将该电压转换成加速踏板的位置信号，即驾驶人对车辆操纵的意图信号。

（3）加速踏板位置传感器工作线路

从吉利 EV 系列加速踏板位置传感器线路图（图 2-10）上可以看出，加速踏板位置传感器由两个传感器组成，分别有各自的供电电源、搭铁和信号线路。传感器 1 的信号电压由于增加了一个分压电阻，电压范围在 0.73~4.49V 变化。传感器 2 的信号由于没有分压电阻分压，电压范围在 0.35~2.25V 变化。其中分压电阻属于传感器内部线路。

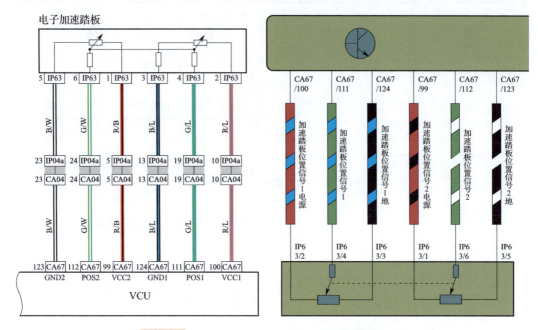

图 2-10　吉利 EV450 加速踏板位置传感器线路图

VCU 通过 CA67/100 号端子输出 5V 电源至加速踏板位置传感器 1 的 IP63/2 号端子，为传感器 1 提供 5V 参考电压，通过 CA67/124 号端子与加速踏板位置传感器的 IP63/3 号端子之间的线路为传感器 1 提供搭铁回路，最后经过传感器的 IP63/4 号端子与 VCU 的 CA67/111 号端子之间线路将反映加速踏板位置的信号输送给 VCU。

VCU 通过端子 CA67/99 输出 5V 电源至加速踏板位置传感器 2 的 IP63/1 号端子，为传感器 2 提供 5V 参考电压，通过 CA67/123 号端子与加速踏板位置传感器的 IP63/5 号端子之间的线路为传感器 2 提供搭铁回路，最后经过传感器的 IP63/6 号端子与 VCU 的 CA67/112 号端子之间的线路将反映加速踏板位置的信号输送给 VCU。

加速踏板位置传感器 1 作为车辆速度和转矩需求的辅助信号，加速踏板位置传感器 2 信号作为车辆速度和转矩需求的主信号。如果传感器 1 出现故障，VCU 将采用传感器 2 信号作为依据，对车辆进行控制。如果传感器 2 出现故障，VCU 将启动系统保护功能，即电机限功率，踩加速踏板加速时车速无法提升。

加速踏板端子 1 为加速踏板位置 1 电源，2 为加速踏板位置 2 电源，3 和 5 为传感器接地，4 和 6 为位置信号。加速踏板位置传感器所有线都是和 VCU 相连，VCU 为传感器的 1 和 3 号端子提供 5V 电源，3 和 5 号端子接回 VCU 接地，加速踏板位置传感器工作产生的位置信号由 4 和 6 号端子传回 VCU。

比亚迪秦 PLUS EV 加速踏板位置传感器结构和工作原理与吉利 EV450 的工作原理是

一样的，都是由传感器1和传感器2组成，不同的是传感器引脚端子编号不同（图2-11）。

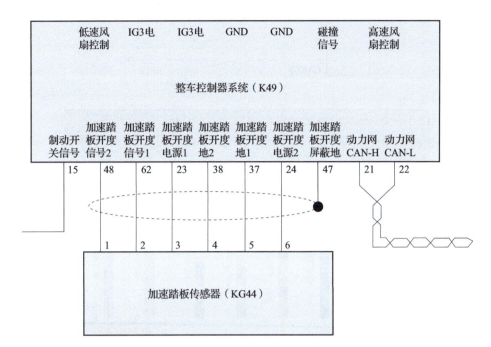

图2-11　比亚迪秦PLUS EV加速踏板位置传感器线路图

2. 制动灯开关信号

（1）吉利EV450制动灯开关信号

见图2-12，吉利EV450整车控制器（VCU）根据制动信号1判断车辆在上电过程中是否处于静止的安全状态，以及驾驶人对车辆速度控制意图，行驶中根据此信号控制驱动电机输出电流以及能量回收功能。如果制动信号1出现故障，将导致VCU无法确定车辆是否处在静止的安全状态下，将禁止高压系统上电。

制动信号1由两条信号线路发送至VCU，一路是由专用线束直接输入VCU，控制单元根据此信号判断车辆状态（制动踏板踩下，车辆已制动；制动踏板没有踩下，车辆处于不安全状态）；另一路信号通过制动开关信号及专用导线输送给电子稳定控制系统（ESC），ESC接收到此信号后通过V-CAN输送给VCU，VCU结合这两个信号判断车辆在上电过程中的状态。如果有一个信号异常，整车高压系统将不会启动上电流程。

如果制动信号1对电源短路或开关触点损坏导致常闭，信号1电压一直处于高电位，这将导致VCU判断车辆一直处于制动状态，VCU将发送信号至MCU，MCU将控制电机输出电流且降低功率，甚至不输出电流，导致车辆无法加速或无法行驶，同时也会导致后部制动灯长亮。

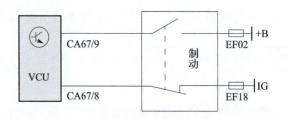

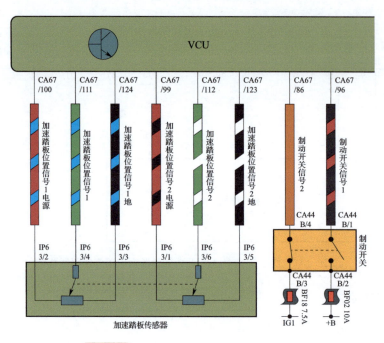

图 2-12　吉利 EV450 制动灯开关接线图

制动信号 2 为辅助信号，VCU 通过对检测到的制动信号 1 和 2 进行比对，来判断车辆当前状态是否符合运行状态，即制动踏板是否完全松开，制动力是否完全释放。如果制动信号 2 出现异常，VCU 根据此信号判定制动踏板没有完全松开，制动力没有完全释放，VCU 将发送信号至 MCU，禁止车辆在行驶档位中的行驶功能，驱动电机无电流输出，整车不能行驶。

如果制动信号 2 对电源 +B 短路，信号 2 电压一直处于高电位，这将导致受 IG 继电器控制的线路上一直有电，即在点火开关没有打开时，IG 电源上就有电压，同时车辆仪表长亮，无法关闭。但是在点火开关没有打开时踩制动踏板，仪表会熄灭。松开制动踏板，仪表上的指示灯反而点亮。

（2）比亚迪秦 PLUS EV 制动灯开关信号

见图 2-13，比亚迪秦 PLUS EV 制动灯开关信号控制策略和吉利 EV450 不一样，吉利 EV450 两条开关信号都接入整车控制器，而比亚迪秦 PLUS EV 0V 制动信号（常闭）是接入左车身控制器,而12V信号(常开)既接入左车身控制器,又接入整车控制器,接入左车身的12V的信号是作为制动开关正常工作的反馈信号,制动开关工作异常时整车控制器不工作,无法上OK电。

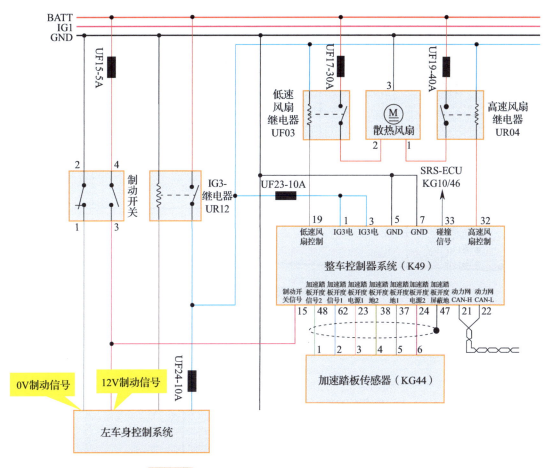

图 2-13 比亚迪秦 PLUS EV 制动灯开关接线图

3. 变速器换档开关、驾驶模式开关

变速器换档开关信号是判断车辆行驶状态的一个很重要的信号,车辆处于停车、前进、倒车的信号作为 VCU 控制车辆上电、电机控制器控制电机正反转、车速、转矩的重要参考信号。如果变速器换档开关出现工作异常,将导致高压无法上电、档位无法切换、车辆无法正常等故障,如果驾驶模式开关工作异常,将无法按照驾驶人意图控制车速、转矩。

见图 2-14,吉利 EV450 的变速器换档开关、驾驶模式开关信号通过 CAN 线连接到整车控制器,为整车控制器提供控制信号。

见图 2-15,比亚迪秦 PLUS EV 的档位传感器信号输入换档操纵机构面板总成,再通过 CAN 线连接到整车控制器,为整车控制器提供控制信号。

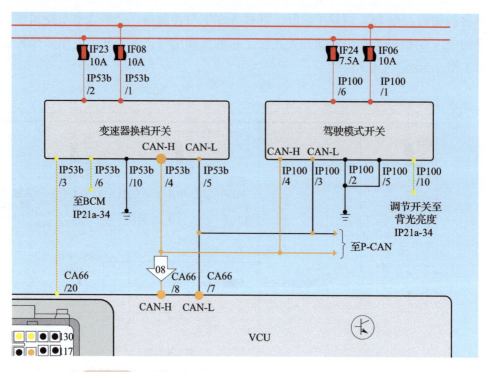

图 2-14　吉利 EV450 变速器换档开关、驾驶模式开关接线图

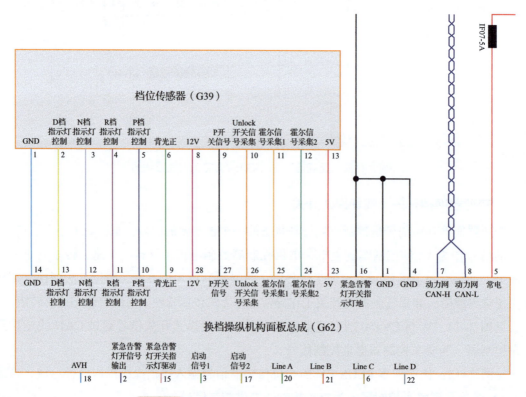

图 2-15　比亚迪秦 PLUS EV 档位传感器接线图

四、整车控制器（VCU）执行器电路识别

1. 吉利 EV450 整车控制器（VCU）执行器电路

电路见图 2-16。吉利 EV450 整车控制器除了控制高压上电、电机运行外，主要控制冷却风扇高速、低速运行及冷却水泵的工作。

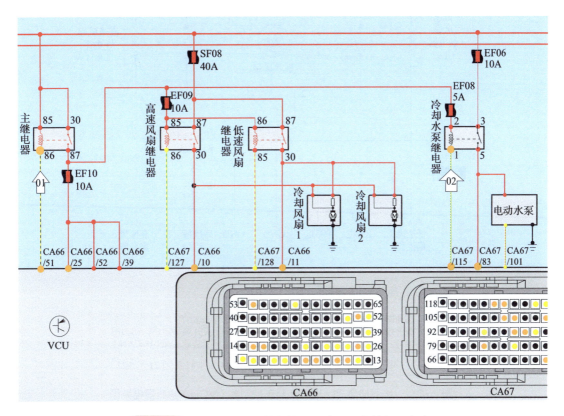

图 2-16　吉利 EV450 整车控制器（VCU）执行器电路图

VCU 主继电器工作后提供给高速风扇、低速风扇继电器控制电源，高速风扇、低速风扇继电器根据冷却液温度高低由 VCU 控制其工作状态。

2. 比亚迪秦 PLUS EV 整车控制器（VCU）执行器电路

见图 2-17，比亚迪秦 PLUS EV 整车控制器与吉利 EV450 整车控制器有所不同，比亚迪秦 PLUS EV 整车控制器只直接控制散热风扇低速和高速运行。

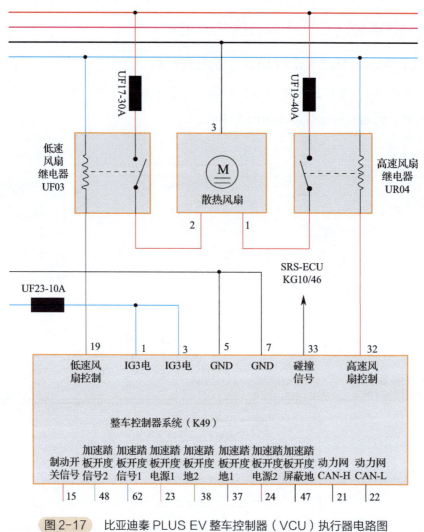

图 2-17 比亚迪秦 PLUS EV 整车控制器（VCU）执行器电路图

第三节 整车控制器的拆装和插接器端口识别

一、整车控制器（VCU）的安装位置

大部分纯电动轿车的整车控制器都是安装在前机舱内，但也有车辆不是安装在前机舱内（比如部分比亚迪车型），在维修时，可以先打开前机舱观察，如果不是安装在前机舱内，最好先查找原厂维修手册，确定安装位置，不要盲目拆装。

1. 吉利 EV450 整车控制器安装位置

吉利 EV450 整车控制器安装在前机舱右侧，靠近右减振器座的位置（图 2-18），由四颗螺钉固定。

图 2-18　吉利 EV450 整车控制器（VCU）的安装位置

2. 比亚迪秦 PLUS EV 整车控制器的安装位置

比亚迪的大部分最新车型的整车控制器都是安装在驾驶座的下部，必须要拆下座椅和地毯后才能看到，安装位置比较隐秘，没有维修经验或未经查找维修手册很难发现，图 2-19 为秦 PLUS EV 整车控制器的安装位置，可以看出比亚迪秦 PLUS EV 整车控制器的拆装要比吉利 EV450 复杂得多。

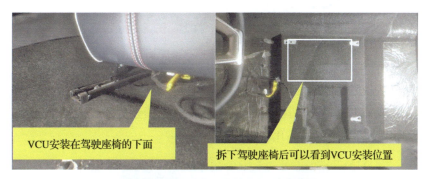

图 2-19　比亚迪秦 PLUS EV 整车控制器（VCU）的安装位置

二、整车控制器（VCU）的拆装

> **特别注意**：拆装整车控制器时必须要先下高压电（高压下电流程严格按前面章节介绍的流程进行），关闭点火开关，关闭所有用电设备。

1. 吉利 EV450 车型整车控制器（VCU）的拆装

维修或更换整车控制器时，需要把整车控制器（VCU）拆下，在拆整车控制器前要先拆下整车控制器的线束插接器，在拆卸前一定要看清楚插接器的结构（图 2-20），安装时一定要小心，千万别顶弯 VCU 模块端口引脚，如果引脚断了，整个 VCU 将报废。

图 2-20　吉利 EV450 整车控制器线束插接器锁止装置

下面以吉利 EV450 整车控制器线束插接器为例，说明插接器的拆装步骤。

第一步，拨锁止片。先找到插接器锁止片（红色锁止片），把插接器锁止片往上拨（图 2-21），拨到位后会听到一声比较清脆的声音。

扫一扫
吉利 EV450 整车控制器线束插接器的拆装

图 2-21　吉利 EV450 整车控制器线束插接器拆卸步骤

第二步，按锁止卡扣。锁止片往上拨到位后，把插接器锁止卡扣往里按（图2-21）。

⚠ **特别注意**：插接器锁止卡扣往里按的时候一定要按到位，否则下一步将无法进行。

第三步，将线束插接器和VCU分离。在按住插接器锁止卡扣的同时，把线束插接器手柄往上扳，往上扳到位，线束插接器和VCU自然分离，拆下CA66线束插接器（图2-22）。同样的方法拆下CA67线束插接器（图2-23）。

图2-22　吉利EV450 CA66线束插接器

图2-23　吉利EV450 CA67线束插接器

⚠ **特别注意**：如果线束插接器手柄往上扳不动，千万不要用蛮力使劲扳，扳不动的原因可能是前面的步骤没有做到位，要检查第一和第二步是否做到位。

第四步，拆下VCU。用套筒拆下VCU的4颗固定螺钉（图2-24），VCU即可从车上拆下来。

⚠ **特别注意**：拆下来的VCU不能随便摆放，要放在维修工作台上（图2-25），不要让VCU从高处掉落，以免损坏VCU内部电路。

第五步，安装。安装步骤和拆卸时的顺序相反，先把VCU固定在车上，然后把线束插接器小心套到VCU端口上，把插接器手柄往下扳到位即可，最后把红色锁止片往下扳，锁止插接器。

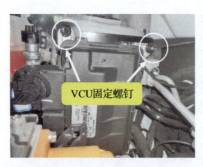

图 2-24　吉利 EV450 整车控制器固定螺钉

图 2-25　吉利 EV450 整车控制器实物图

> ❗ **特别注意**：安装时一定要小心，线束插接器和 VCU 针脚完全对位后才能往上扳插接器手柄，否则可能顶弯 VCU 引脚（图 2-26），造成 VCU 报废。

图 2-26　吉利 EV450 整车控制器端口引脚

比亚迪宋整车控制器的结构和吉利 EV450 是一样的，所以拆装步骤也是一样的。

2. 比亚迪秦 PLUS EV 整车控制器的拆装

（1）整车控制器插接器的拆装

比亚迪秦 PLUS EV 整车控制器的拆装相对其他的一些车型要复杂，除了要拆下驾驶座椅外，还要拆地毯，拆地毯前还要拆门槛和 B 柱饰板，最后掀开地毯才能看到整车控制器。在拆卸整车控制器之前先拆下 K49 插接器，拆卸方法见图 2-27。

首先要找到整车控制器插接器锁扣和手柄（图 2-27），在按下卡扣的同时往外扳动手柄，如果手柄扳不动，说明卡扣没按到位，先把手柄往回扳再重新按卡扣，否则有可能按不动卡扣。

（2）整车控制器的拆卸

拆下整车控制器插接器后，拧下 4 颗整车控制器的固定螺钉后即可取下整车控制器（图 2-28）。

第二章 整车控制系统的诊断

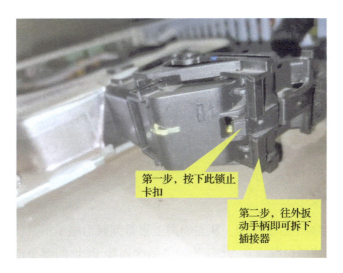

扫一扫

比亚迪秦 PLUS EV 整车控制器线束插接器的拆装

图 2-27　比亚迪秦 PLUS EV 整车控制器线束插接器的拆卸

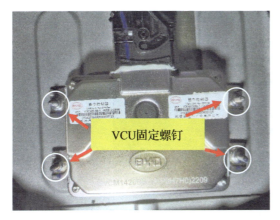

图 2-28　比亚迪秦 PLUS EV 整车控制器的拆卸

整车控制器拆下来后要注意保管好，防止端口引脚（图 2-29）不小心被弄弯造成整个整车控制器报废。

图 2-29　比亚迪秦 PLUS EV 整车控制器端口引脚

三、整车控制器（VCU）插接器端口端子的识别

在进行电控系统诊断维修前的一个很重要的步骤就是查阅维修资料，要对电控单元的端口的每个引脚的作用认识清楚，否则诊断将无从下手。

1. 吉利 EV450 整车控制器（VCU）线束插接器 CA66、CA67 端口定义

吉利帝豪 EV450 纯电动汽车整车控制器有两个低压插接器 CA66 和 CA67，下面分别对这两个插接器进行介绍。

（1）CA66 插接器

CA66 插接器实物图见图 2-30，从实物图上很难判断出端子的具体作用，也就是很难判断从 VCU 出来的线通向哪或从 VCU 外进来的线连接 VCU 的哪个部分。要弄明白端口的定义，首先要找到维修手册上的端口结构图（图 2-31），然后再和插接器实物比对。比

扫一扫
VCU 插接器 CA66
端口定义

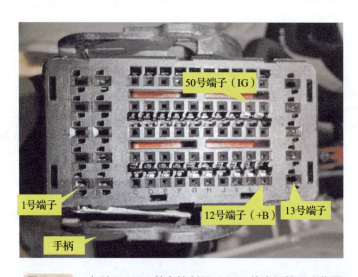

图 2-30　吉利 EV450 整车控制器 CA66 线束插接器实物图

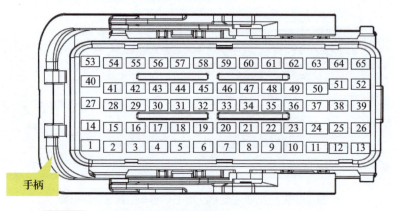

图 2-31　吉利 EV450 整车控制器 CA66 线束插接器结构图

对时要注意一些技巧，例如吉利帝豪 EV450 整车控制器 CA66 插接器有个打开手柄，结构图的手柄在左边，实物图的手柄也要在左边，相当于要在同一个方向，结构图的左下角是 1 号端子，右下角是 13 号端子，插接器实物的左下角就是 1 号端子，右下角就是 13 号端子。

CA66 插接器端子定义见表 2-1，在诊断时不能凭经验判断，插接器有 65 个端子之多，进行检测时要对照端子定义表才能准确判断、快速判断。

表 2-1　吉利 EV450 整车控制器 CA66 线束插接器端子定义

端子号	端子定义	颜色	端子号	端子定义	颜色
1	GND（接地）	B	21		
2	GND（接地）	B	22	Chassis（底盘）CAN-L	
3	—		23	Chassis（底盘）CAN-H	
4	自用标定 CAN-H	BL/R	24	KL50	
5	自用标定 CAN-L	Y/B	25	主继电器反馈	
6	—		26	GAND	
7	Hybrid（混动）CAN-L	BL/B	27~38	—	
8	Hybrid（混动）CAN-H	CR/O	39	UBR（功率电源）	
9	—		40~49	—	
10	高速风扇继电器反馈	W/B	50	IG	
11	低速风扇继电器反馈	W	51		
12	+B	R	52	UBR（功率电源）	
13~14	—		53		
15	TCU 唤醒		54	GND	B
16	IPU 唤醒		55~57		
17~19	—		58	HVIL IN	BR/W
20	CSM IN		59~65	—	

（2）CA67 插接器

CA67 插接器实物图和结构图分别见图 2-32 和图 2-33，识别方法和 CA66 插接器的方法一样，结构图的左下角是 66 号端子，右下角是 78 号端子，插接器实物的左下角就是 66 号端子，右下角就是 78 号端子，端子定义见表 2-2。

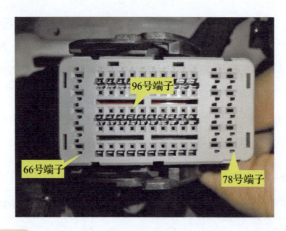

图 2-32 吉利 EV450 整车控制器 CA67 线束器插接器实物图

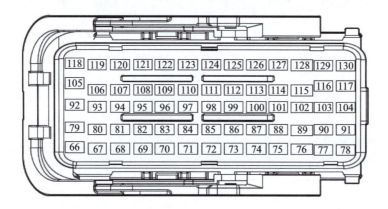

图 2-33 吉利 EV450 整车控制器 CA67 线束插接器结构图

表 2-2 吉利 EV450 整车控制器 CA67 线束插接器端子定义

端子号	端子定义	颜色	端子号	端子定义	颜色
66~75	—		96	制动灯开关 2	B/R
76	HVIL OUT		97	—	
77~82	—		98	—	
83	电机水泵继电器反馈	R/W	99	加速踏板电源 2	R/B
84~85	—		100	加速踏板电源 1	R/BL
86	制动灯开关 2	O	101	电机水泵控制	G/R
87~95	—		102~105	—	

2. 比亚迪秦 PLUS EV 整车控制器（VCU）线束插接器 K49 端子定义

（1）比亚迪秦 PLUS EV 整车控制器（VCU）线束插接器 K49 端子实物图

K49 插接器实物图和结构图分别见图 2-34 和图 2-35，识别方法和吉利 EV450 的方法一样。

图 2-34　比亚迪秦 PLUS EV 整车控制器 K49 线束插接器实物图

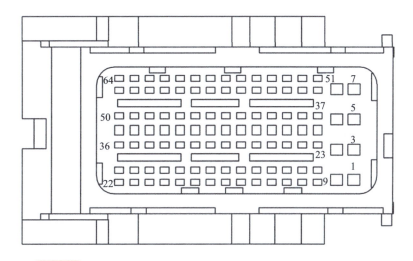

图 2-35　比亚迪秦 PLUS EV 整车控制器 K49 线束插接器结构图

（2）比亚迪秦 PLUS EV 整车控制器（VCU）线束插接器 K49 端子定义（表 2-3）

表 2-3　比亚迪秦 PLUS EV 整车控制器线束插接器 K49 端子定义

端子号	端子定义	线束连接	端子号	端子定义	线束连接
1	IG3 电源	连接 IG3 继电器	15	制动开关信号	连接制动开关
3	IG3 电源	连接 IG3 继电器	19	低速风扇控制	连接低速风扇继电器
5	GND	接地	21	动力网 CAN-H	连接驱动电机控制器 B28/9
7	GND	接地	22	动力网 CAN-L	连接驱动电机控制器 B28/14

（续）

端子号	端子定义	线束连接	端子号	端子定义	线束连接
23	加速踏板开度电源1	加速踏板位置传感器 KG44/3	38	加速踏板开度地2	加速踏板位置传感器 KG44/4
24	加速踏板开度电源2	加速踏板位置传感器 KG44/6	47	加速踏板开度屏蔽地	
32	高速风扇控制	连接高速风扇继电器	48	加速踏板开度信号2	加速踏板位置传感器 KG44/1
33	碰撞信号	连接 SRS-ECU KG10/46	62	加速踏板开度信号1	加速踏板位置传感器 KG44/2
37	加速踏板开度地1	加速踏板位置传感器 KG44/5	其余端口	空端口	

第四节　整车控制器的供电系统

纯电动车电源分低压和高压两部分，低压部分负责全车电控系统、车上低压电器（音响、电动座椅、玻璃升降器、灯光等）供电，高压部分负责电机、空调等供电。电控部分的供电用低压电源，这里只介绍低压供电部分。认识低压供电，对排除电控系统故障非常关键，低压供电部分主要由蓄电池、点火开关、熔丝、易熔丝、继电器、接地等组成。

> **特别注意**：任何一个用电设备要能正常工作都必须有电源、接地和控制开关或继电器，并且要形成一个闭环的回路，这也是诊断电路的一个基本思路。

一、蓄电池

纯电动车12V蓄电池一般安装在前机舱内（图2-36），也有安装在行李舱内的，还有安装在前排乘客座下面的（如比亚迪宋Pro DM-i）。纯电动车没有传统燃油车的发电机，蓄电池的充电由动力电池或外充电源通过DC/DC变换器转换成12V电压后进行充电。特别注意，纯电动汽车和传统燃油汽车一样，必须要有12V的低压电源，保证控制系统、低压用电设备的供电。

二、熔丝盒安装位置

不管是燃油车还是纯电动车，大部分车型都有两个主要熔丝盒，一个在前机舱内，一个在驾驶舱内。

1. 熔丝和继电器盒在前机舱位置

（1）吉利 EV450 熔丝和继电器盒位于前机舱的左边靠近减振座的位置（图 2-36）

图 2-36　吉利 EV450 熔丝和继电器盒位置

（2）比亚迪秦 PLUS EV 熔丝和继电器盒位于前机舱的左边靠近膨胀水箱的位置（图 2-37）

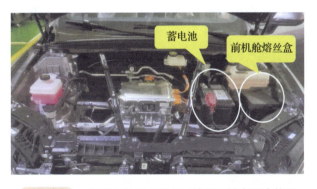

图 2-37　比亚迪秦 PLUS EV 熔丝和继电器盒位置

2. 熔丝和继电器盒在驾驶舱的位置

（1）吉利 EV450 在驾驶舱的熔丝和继电器盒位于仪表台左侧（图 2-38）

图 2-38　吉利 EV450 驾驶舱熔丝盒位置

（2）比亚迪秦 PLUS EV 在驾驶舱的熔丝和继电器盒位于左侧仪表台下面（图 2-39）

扫一扫

秦 PLUS EV 驾驶舱熔丝

图 2-39　比亚迪秦 PLUS EV 驾驶舱熔丝盒位置

三、熔丝和继电器的识别

1. 吉利 EV450 熔丝和继电器识别

（1）前机舱熔丝和继电器识别

吉利 EV450 前机舱熔丝盒包含熔丝和继电器（图 2-40），具体定义见表 2-4、表 2-5。

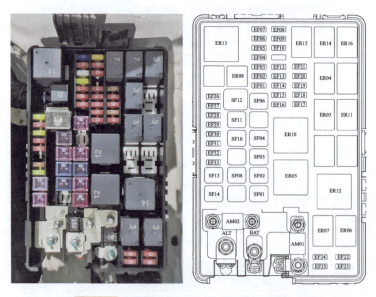

图 2-40　吉利 EV450 前机舱熔丝和继电器

表 2-4　吉利 EV450 前机舱熔丝列表

编号	名称	额定电流	说明
AM01	EPS 熔丝	80A	
AM02	DC/DC 熔丝	150A	

（续）

编号	名称	额定电流	说明
SF01	仪表熔丝盒 1 熔丝	50A	
SF02	ABS 泵熔丝	30A	
SF03	ABS 电机熔丝	40A	
SF04	EPB1 熔丝	30A	
SF06	EPB2 熔丝	30A	
SF08	风扇熔丝	40A	
SF10	鼓风机熔丝	30A	
SF11	车窗 1 熔丝	25A	
SF12	仪表熔丝盒 2 熔丝	80A	
SF13	车窗 2 熔丝	25A	
SF14	后除霜熔丝	30A	
EF01	BMS 熔丝	10A	
EF02	CRL 熔丝	10A	
EF03	直流充电插座熔丝	10A	
EF04	IG2 熔丝	20A	
EF05	真空泵熔丝	20A	
EF06	冷却水泵熔丝	10A	
EF07	喇叭熔丝	15A	
EF08	冷却水泵熔丝	5A	
EF09	风扇继电器熔丝	10A	
EF10	VCU 熔丝	10A	
EF12	空调压力开关熔丝	10A	
EF13	三通、加热水泵、空调主机熔丝	10A	
EF14	压缩机、PTC、水泵熔丝	10A	
EF15	热交换电磁阀熔丝	10A	
EF16	制冷管路熔丝	10A	
EF17	座椅熔丝	10A	带驾驶人座椅记忆功能
EF18	ESC、制动开关熔丝	7.5A	
EF19	VCU 熔丝	10A	
EF20	低速警告熔丝	10A	
EF21	后视镜加热器熔丝	7.5A	

（续）

编号	名称	额定电流	说明
EF22	左近光灯熔丝	10A	
EF23	右近光灯熔丝	10A	
EF24	左远光灯熔丝	10A	
EF25	右远光灯熔丝	10A	
EF26	TCU 熔丝	20A	
EF27	OBC 熔丝	10A	
EF28	刮水器熔丝	20A	
EF29	VCU、鼓风机继电器熔丝	10A	
EF30	压缩机熔丝	10A	
EF31	座椅熔丝	20A	带驾驶人座椅记忆功能
EF32	PEU 熔丝	7.5A	
EF33	热管路熔丝	20A	

表 2-5　吉利 EV450 前机舱继电器列表

编号	名称	说明
ER03	真空泵继电器	
ER04	冷却水泵继电器	
ER05	主继电器	
ER06	近光灯继电器	
ER07	远光灯继电器	
ER08	喇叭继电器	
ER10	鼓风机继电器	
ER11	热管理继电器	
ER12	低速风扇继电器	
ER13	高速风扇继电器	
ER14	高速刮水器继电器	
ER15	低速刮水器继电器	
ER16	后除霜、外后视镜加热继电器	

（2）驾驶舱熔丝识别

吉利 EV450 驾驶舱熔丝盒包含熔丝和继电器（图 2-41），具体定义见表 2-6、表 2-7。

第二章 整车控制系统的诊断

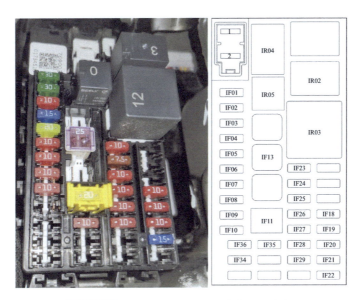

图 2-41 吉利 EV450 驾驶舱熔丝和继电器

表 2-6 吉利 EV450 驾驶舱熔丝列表

编号	名称	额定电流	说明
IF01	车外灯光电源熔丝	30A	
IF02	车内灯光电源熔丝	30A	
IF03	后视镜折叠熔丝	10A	带折叠
IF04	前洗涤器熔丝	15A	
IF05	BCM 门锁熔丝	20A	
IF06	空调模式开关熔丝	10A	
IF07	OBD 熔丝	10A	
IF08	EPB 开关、换档开关熔丝	10A	
IF09	门灯熔丝	10A	
IF10	计价器熔丝	20A	出租车
IF11	音响系统熔丝	20A	
IF13	天窗熔丝	25A	带天窗
IF18	BMS 熔丝	10A	
IF19	BCM 天窗熔丝	10A	带天窗
IF20	BCM、音响系统、后视镜、行车记录仪熔丝	10A	
IF21	前备用电源熔丝	15A	
IF22	出租车顶灯熔丝	10A	出租车
IF23	EPB、EPS、换档开关熔丝	10A	

045

(续)

编号	名称	额定电流	说明
IF24	SRS、模式开关熔丝	7.5A	
IF25	组合仪表、环境光及阳光传感器、T-BOX 熔丝	10A	
IF26	UEC IGN1 熔丝	10A	
IF27	空调面板开关、空调控制器熔丝	10A	
IF28	SAS、ESCL、BCM 熔丝	10A	
IF29	全景影像模块熔丝	7.5A	带 360° 可视倒车系统
IF34	GPS 熔丝	10A	出租车
IF35	T-BOX、组合仪表、行车记录仪熔丝	10A	
IF36	广告牌熔丝	15A	出租车

表 2-7　吉利 EV450 驾驶舱继电器列表

编号	名称	说明
IR02	IG1 继电器	
IR03	ACC 继电器	
IR04	广告牌继电器	
IR05	IG2 继电器	

2. 比亚迪秦 PLUS EV 前机舱熔丝识别

（1）前机舱熔丝识别

比亚迪秦 PLUS EV 前机舱熔丝盒包含熔丝和继电器（图 2-42），具体定义见表 2-8、表 2-9。

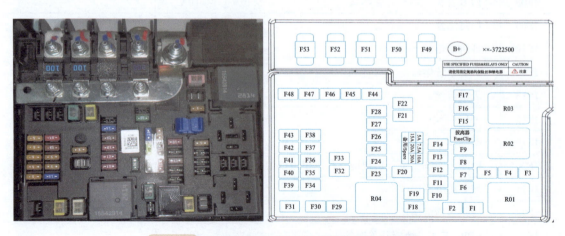

图 2-42　比亚迪秦 PLUS EV 前机舱熔丝和继电器

表 2-8 比亚迪秦 PLUS EV 前机舱熔丝列表

编号	名称	额定电流	说明	编号	名称	额定电流	说明
F1			空	F29	燃油加热器	25A	FHM
F2	仪表板配电盒电源	60A		F30	IPB	60A	
F3~F8			空	F31~F32			空
F9	充配电总成电源（+B）	5A	CDU	F33	电池管理器	5A	BMC
F10~F11		7.5A	空	F34	后排座椅加热	15A	RSHT
F12	压缩机			F35	后车身控制器	5A	BDCU
F13			空	F36	换挡面板	5A	SCPA
F14	电池热管理水泵	10A	BTM Pump	F37	ETC	7.5A	
F15	制动灯开关	5A	STOP SW	F38	SRS	10A	
F16			空	F39	ADAS	5A	INS
F17	低速风扇	30A	FAN LO	F40	组合仪表	5A	
F18	高速风扇	40A	FAN HI	F41	EPS	5A	
F19	后除霜	30A	DEF	F42	IPB	5A	
F20	前刮水器	30A	FR WIP	F43	引擎音模拟器	5A	VSG
F21			空	F44	IPB	60A	
F22			空	F45	鼓风机	40A	Blower
F23	整车控制器（IG3 继电器）	10A	VCU，上电时测量	F46~F48			空
F24	电机控制器（IG3 继电器）	10A	MCU	F49	电池	200A	Battery
F25	电池管理器（IG3 继电器）	10A	BMC	F50	CEPS	70A	
F26	USB	7.5A		F51	左车身控制器	100A	LDCU
F27	备用电源	15A	Backup PWR	F52	右车身控制器	100A	RDCU
F28			空	F53			空

表 2-9　比亚迪秦 PLUS EV 前机舱继电器列表

编号	名称	型号	说明
R1		HFV15/12-H1TJ-R	
R2		4RA 931.774-03	
		HFV15/12-H1TJ-R	
R3	低速风扇继电器	HFV15/12-H1TJ-R	FAN　LO Relay
R4	高速风扇继电器	HFV15/12-H1TJ-R	FAN　HI Relay
R5		HFK8-T/12-SHSPT	
R6		HFK7-T/12-SHSPT	
R7	IG4 继电器	HFKA-T/012-1HST（224）（377）	
R8	刮水器调速继电器	HFKA-T/012-1HST（224）（377）	
R9	刮水器开关继电器	HFKA-T/012-1HST（224）（377）	
R10		HFK8-T/12-SHSPT	
R11	后除霜继电器	HFK7-T/12-SHSPT	
R12	IG3 继电器	HFK8-T/12-SHSPT	
R13		HFK8-T/12-SHSPT	
R14		HFKA-T/012-1HST（224）（377）	
R15	ACC 继电器	HFK7-T/12-SHSPT	
R16		HFK7-T/12-SHSPT	
R17	IG1 继电器	HFK7-T/12-SHSPT	

（2）驾驶舱熔丝

比亚迪秦 PLUS EV 驾驶舱只有熔丝，没有继电器（图 2-43），具体列表见表 2-10。

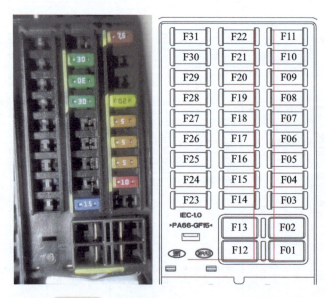

图 2-43　比亚迪秦 PLUS EV 驾驶舱熔丝

表 2-10　比亚迪秦 PLUS EV 驾驶舱熔丝列表

编号	名称	额定电流	说明	编号	名称	额定电流	说明
F01、F02				F12、F13			
F03		10A		F14	天窗	15A	
F04	诊断口	10A	OBD	F15~F16			
F05	组合仪表	5A	INS	F17	车载充电器	5A	OBC
F06	高频接收模块	5A	HFRM	F18	整车控制器	5A	VCU
F07	换档面板	5A	SCPA	F19	后车身控制器	30A	BDCU
F08	多媒体	15A/20A	Medium	F20	后车身控制器	30A	BDCU
F09	外置功放	15A	AMP	F21	左前电动座椅	30A	P/SEAT FL
F10				F22	右前电动座椅	30A	P/SEAT FR
F11	组合开关	7.5A	CS	F23~F31			

第五节　整车控制器（VCU）供电异常无法上电故障诊断

一、整车控制器（VCU）电源分析

1. 吉利 EV450 整车控制器（VCU）电源分析

一辆吉利 EV450 纯电动车无法上高压电（相当于传统燃油车发动机无法起动），车辆无法行驶，仪表上故障灯点亮（图 2-44）。

扫一扫

整车控制器无供电，仪表显示的故障现象

图 2-44　车辆无法上电，仪表故障灯点亮

遇到仪表故障灯点亮的故障，不要盲目进行维修，首先用专用故障诊断仪进行诊断，缩小故障范围。用故障诊断仪诊断此车，显示测试设备与汽车电脑无法通信（图 2-45）。

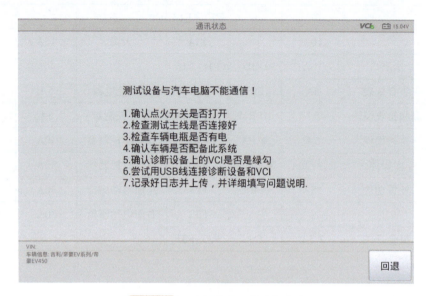

图 2-45　诊断仪显示的诊断信息

故障分析：VCU 测试设备与汽车电脑无法通信，可能原因是 VCU 供电出现问题导致 VCU 节点丢失，整个车会处于瘫痪状态。

从故障码初步判断此车故障的原因可能是 VCU 供电问题，诊断的基本流程为：查找维修手册→找到 VCU 供电电路图→对供电电路进行分析→对供电电路进行检测。

图 2-46 为吉利 EV450 纯电动车整车控制器供电电路图，从电路图可以看出，VCU 是双电源供电，一路是蓄电池直供（+B），一路是蓄电池经过点火开关后供电（IG1）。常火电源经过前机舱熔丝 EF29（10A），IG1 供电经过驾驶舱熔丝 IF26 和前机舱熔丝 EF19。

出现测试设备与汽车电脑不能通信往往是整车控制器供电出现异常所致，所以要首先检查整车控制器双电源熔丝 EF29（10A）、IF26、EF19 是否熔断，再检查相关线路，具体检查方法将在后面详细介绍。

2. 比亚迪秦 PLUS EV 整车控制器电源分析

一辆比亚迪秦 PLUS EV 无法行驶，仪表面板显示动力系统故障，故障灯点亮（图 2-47）。

用故障诊断仪诊断此车，显示底盘网、能量网、车身网故障（图 2-48）。具体进入底盘网读取故障码为：U029800，电机控制单元（MCU）与 DC 通信故障；U011000，与电池管理控制器（BMC）失去通信；U029787，与车载充电器（OBC）失去通信（图 2-49）。再进入能量网、车身网调取故障码，显示的都是与其他控制器失去通信故障。

第二章 整车控制系统的诊断

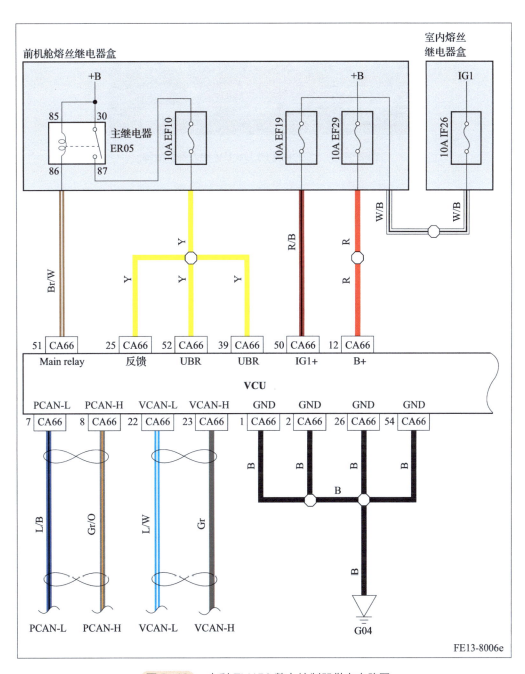

图 2-46 吉利 EV450 整车控制器供电电路图

图 2-47 比亚迪秦 PLUS EV 动力系统故障

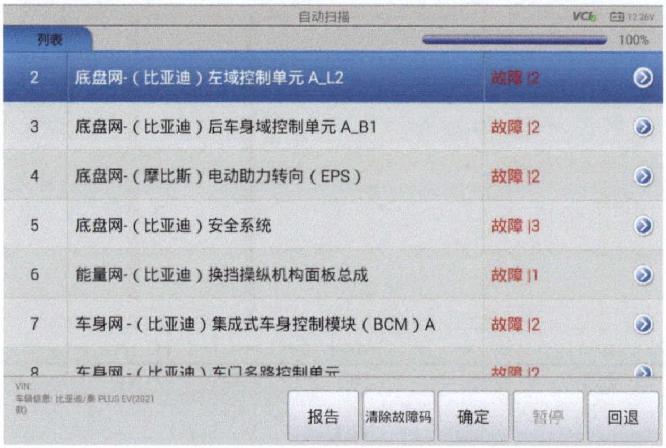

图 2-48 诊断仪显示的故障

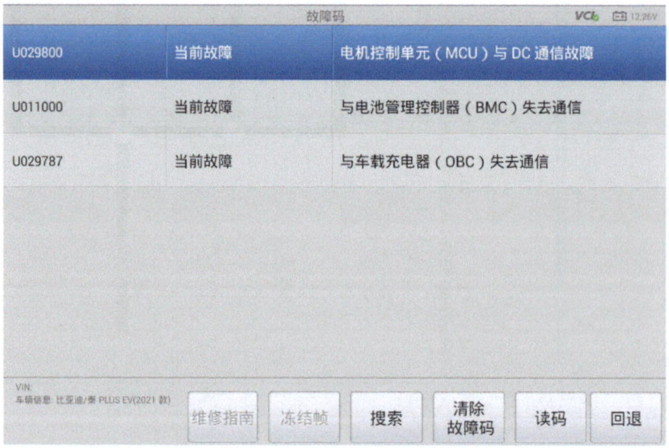

图 2-49 诊断仪显示的故障码

故障分析：所有控制器都失去通信，原因往往是整车控制器工作异常，因为整车控制器是车辆的另一个控制中心。整车控制器工作异常可能是整车控制器故障，也可能是整车控制器供电或接地故障引起，因为任何一个控制器要正常工作必须供电和接地正常。

图 2-50 为比亚迪秦 PLUS EV 整车控制器供电电路图，从电路图可以看出，VCU 是双电源供电，电源都来自 IG3 继电器，经过 UF23（10A）熔丝由 K49 插接器的 1 和 3 号端子供电给整车控制器，没有来自蓄电池常火电源，只有 IG3 电源。

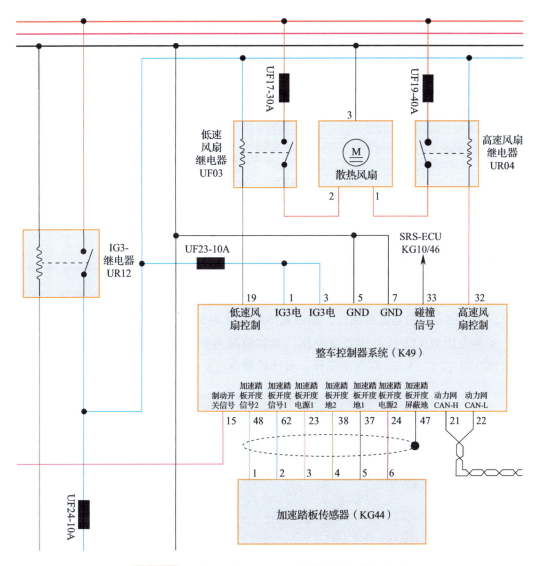

图 2-50　比亚迪秦 PLUS EV 整车控制器供电电路图

二、整车控制器（VCU）供电检测

1. 吉利 EV450 整车控制器（VCU）供电检测

（1）检测 +B 电源

1）检测 CA66 插接器 12 号端子的电压。从 VCU 供电电路图（图 2-46）可以看出，

+B 电源是从蓄电池过来，经过前机舱 EF29（10A）熔丝再通过线路通到 VCU 端口 CA66 线束插接器的 12 号端子，这是不经过点火开关的常火电源，用万用表检测时，正常情况下无须打开点火开关就能测得 12V 电压。

在测量线束 CA66 插接器 12 号端子之前的一个很重要步骤就是先把插接器拆下来找到 12 号端子。从维修手册的结构图（图 2-51）可以看出，12 号端子在插接器的右下角（手柄在左边）。然后在实物插接器上找到 12 号端子。

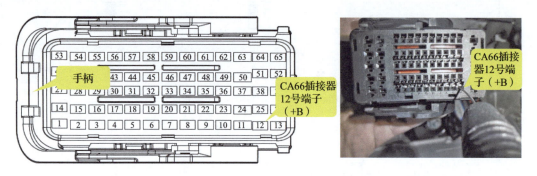

图 2-51　找到 CA66 插接器 12 号端子

找到 CA66 插接器 12 号端子后，用专用测针（万用表的测针太粗无法测量）插到检测孔中，用万用表红表笔连接测针，黑表笔接地（图 2-52）。正常电压应该为 11.8~12.8V 之间，实测电压为 12.07V，为正常电压。异常情况为 0V（图 2-53），0V 电压说明蓄电池无法供电到 VCU，VCU 将无法工作。具体检测方法见表 2-11。

图 2-52　CA66 插接器 12 号端子电压测量

第二章 整车控制系统的诊断

图 2-53　拔出 EF29 熔丝后测量电压为零

表 2-11　整车控制器 CA66 线束插接器 12 号端子对地电压检测

可能性	实测值/V	状态	可能原因	排除方法
1	+B	正常	1. VCU 接地线路存在故障 2. VCU 自身存在故障	检查 VCU 接地线路电阻
2	0~+B 间的某个值	异常	测试点的前段线路存在虚接故障	检查 EF29 熔丝输出端对地电压

说明：任何情况下，用万用表测量 CA66 线束插接器 12 号端子对地电压，标准值应为 +B。

2）检测前机舱熔丝盒 EF29 熔丝。如果检测到蓄电池无法正常供电到 VCU，首先检查熔丝，其次再检查线路。从 VCU 的供电电路看，+B 电源从蓄电池出来经过 EF29（10A）熔丝再经过线路到 CA66 线束插接器，通过维修手册找到 EF29 熔丝在前机舱熔丝盒位置（图 2-54）。

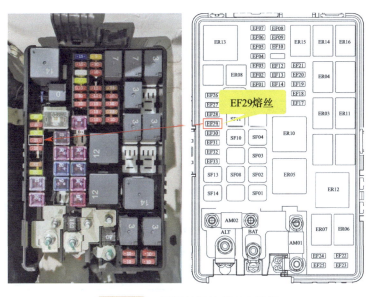

图 2-54　检测前机舱 EF29 熔丝

找到 EF29 熔丝后，用万用表电阻档测量熔丝的通断（图 2-55），正常情况下为 1Ω，如果实测值为 ∞，说明熔丝已烧断。这时不能马上更换熔丝，应先检查线路无接地短路才能更换熔丝，否则刚更换可能又会烧断。

扫一扫

熔丝通断的检测

图 2-55　检测前机舱熔丝 EF29 的通断

3）检测蓄电池到整车控制器 CA66 线束插接器 12 号端子的通断。如果检测 EF29 熔丝正常，却没有电到 CA66 插接器 12 号端子，从供电电路图可以看出，+B 供电有两段线路，一段是从蓄电池到前机舱熔丝盒，一段是从前机舱熔丝盒到 VCU 线束插接器。可以通过排除法进行分段排除，首先用万用表测量（图 2-56）EF29 熔丝有无 12V 电压，如果有 12V 电压，说明蓄电池到前机舱熔丝盒线路正常，如果为 0V，首先要排查蓄电池到熔丝盒线路。如果测量电压为 12V，CA66 插接器 12 号端子电压却为 0V，说明 EF29 熔丝到 CA66 线束插接器线路断路。具体检测方法见表 2-12。

图 2-56　测量 EF29 熔丝两端对地电压

表 2-12　熔丝 EF29（10A）两端对地电压测试

可能性	实测结果/V	状态	下一步操作
1	+B，+B	正常	如果上一步测试结果为 0，说明熔丝 EF29 至 VCU 间线路断路，应进一步测量其端对端导通性 如果上一步测试结果为 0~+B 间，说明熔丝 EF29 至 VCU 间线路虚接，应进一步测量其端对端导通性
2	均为 0~+B 间	异常	熔丝 EF29 10A 上游线路虚接故障，检修线路
3	0，0	异常	熔丝 EF29 10A 上游线路故障，检修线路
4	+B，0	异常	说明熔丝 EF29 熔断，测量 VCU 的 +B 电源线路负载
5	+B，0~+B 间	异常	说明熔丝 EF29 虚接，更换相同规格熔丝

注：在任何情况下，测试结果应为 +B（标准值）。

检测方法见图 2-57，和检测电压方法一样，首先要在 CA66 线束插接器上找到 12 号端子，把万用表调到测量电阻档，表针一头连接 12 号端子，一头连接前机舱熔丝盒 EF29 熔丝的一端（通向 CA66 线束插接器），正常电阻值应小于 1Ω，如果实测值为 ∞，说明从前机舱熔丝到 CA66 线束插接器线路断路，这时必须进行维修恢复才能正常供电。

同样的方法检测前机舱熔丝到蓄电池之间的线路是否正常，见表 2-13，发现异常必须进行维修恢复正常，否则 VCU 无法工作，整车也无法正常工作。

图 2-57　CA66 插接器 12 号端子到 EF29 端通断的检测

表 2-13　VCU 的 +B 电源线路端对端导通性测试

可能性	实测结果/Ω	状态	可能原因	下一步操作
1	≈0	正常	插接器故障	检查插接器
2	>0	异常	线路虚接	维修或更换线束
3	∞	异常	线路断路	换线束

测试标准：关闭点火开关，断开 VCU 的 CA66 插接器，拔下熔丝 EF29，检查 VCU 至 EF29 熔丝座之间线路的电阻值，标准值近乎为 0。

4）VCU 的 +B 电源线路（CA66 线束插接器 12 号端子）对地负载测试，见表 2-14。

表 2-14　VCU 的 +B 电源线路对地负载测试

步骤	测试部位	实测结果/Ω	状态	可能原因	下一步操作
1	测量 VCU 线束端 12 号端子对地电阻	∞	正常	VCU 局部故障	转本表第 2 步骤
		<1.2	异常	线路虚接	检修线路
		≈0	异常	线路对地短路	
2	连接 VCU 插接器，测量其线束端 12 号端子对地电阻	∞	正常		更换熔丝 EF29
		<1.2	异常	VCU 内部对地虚接	更换 VCU
		≈0	异常	VCU 内部对地短路	

测试标准：关闭点火开关，断开 VCU 端 CA66 插接器，拔下熔丝 EF29，检查 VCU 与 EF29 熔丝座之间导线对地电阻值，标准值为 ∞。

（2）检测点火开关（IG）电源

1）检测 CA66 插接器 50 号端子的电压。从 VCU 供电电路图可以看出，IG 电源（开关电源）是从蓄电池过来经过点火开关，再经过驾驶舱熔丝 IF26（10A）、前机舱熔丝 EF19（10A）再到 VCU 端口 CA66 线束插接器 50 号端子（图 2-58）。

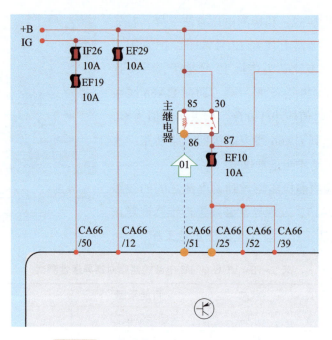

图 2-58 吉利 EV450 整车控制器 IG 电源

在测量线束 CA66 插接器 50 号端子之前的一个很重要步骤就是先把插接器拆下来找到 50 号端子。从维修手册的结构图（图 2-59）可以看出，50 号端子在 CA66 插接器的第二排倒数第三个（手柄在左边）。

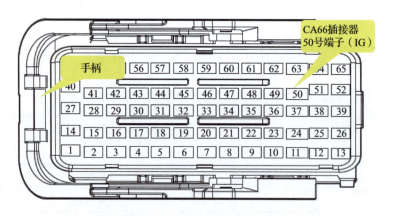

图 2-59 CA66 插接器 50 号端子的位置

把点火开关打到 ON 的位置，万用表拨到直流电压档位置，红表笔接到插接器 50 号端子，黑表笔接地，测量 50 号端子接地电压，正常为 +B（11.8~12.8V），见图 2-60，如果熔丝熔断或线路断路，测量结果为 0V，见图 2-61。故障原因及排除方法见表 2-15。

第二章 整车控制系统的诊断

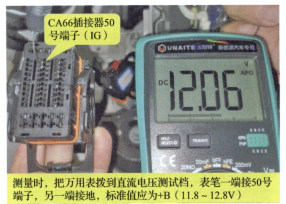

测量时，把万用表拨到直流电压测试档，表笔一端接50号端子，另一端接地，标准值应为+B（11.8~12.8V）

图 2-60　CA66 插接器 50 号端子电压测量　　　图 2-61　CA66 插接器 50 号端子异常电压

表 2-15　整车控制器 CA66 线束插接器 50 号端子对地电压检测（点火开关打到 ON 的位置）

可能性	实测值/V	状态	可能原因	排除方法
1	+B	正常	1. VCU 接地线路存在故障 2. VCU 自身存在故障	检查 VCU 接地线路电阻
2	0~+B 间的某个值	异常	测试点的前段线路存在虚接故障	检查 IF26、EF19 熔丝输出端对地电压

注：任何情况下，用万用表测量 CA66 线束插接器 12 号端子对地电压，标准值应为 +B。

2）检测前机舱熔丝盒 EF19 熔丝。在点火开关处于 ON 的状态下，如果检测到开关电源无法正常供电到 VCU，首先检查熔丝，其次再检查线路。从 VCU 的供电电路看，开关电源（IG）从蓄电池出来经过点火开关后，先到驾驶舱 IF26（10A）熔丝，再经过线路到前机舱熔丝 EF19，再到 CA66 线束插接器 50 号端子，通过维修手册找到 EF19 熔丝在前机舱熔丝盒位置（图 2-62）。

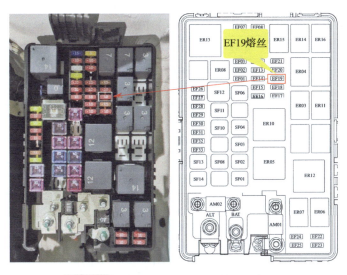

图 2-62　EF19 熔丝在前机舱熔丝盒位置

找到前机舱 EF19 熔丝后，分别测量熔丝两端的电压，正常情况两端都应该有 12V 电压（图 2-63），如果只有一端有 12V，另一端 0V 则是熔丝熔断所致，把熔丝拔出用万用表电阻档测量熔丝的电阻（图 2-64），正常情况下为 1Ω，如果实测值为 ∞，说明熔丝已烧断。这时不能马上更换熔丝，应先检查线路无接地短路才能更换熔丝，否则刚更换可能又会烧断。

图 2-63　测量 EF19 熔丝电压

图 2-64　检测 EF19 熔丝的通断

熔丝 EF19（10A）两端对地电压测试见表 2-16。

表 2-16　熔丝 EF19（10A）两端对地电压测试

可能性	实测结果/V	状态	下一步操作
1	+B，+B	正常	如果上一步测试结果为 0，说明熔丝 EF19 至 VCU 间线路断路，应进一步测量其端对端导通性 如果上一步测试结果为 0~+B 间，说明熔丝 EF19 至 VCU 间线路虚接，应进一步测量其端对端导通性
2	均为 0~+B 间	异常	熔丝 EF19（10A）上游线路虚接故障，检修线路
3	0，0	异常	熔丝 EF19（10A）上游线路故障，检修线路
4	+B，0	异常	说明熔丝 EF19 熔断，测量 VCU 的 +B 电源线路负载
5	+B，0~+B 间	异常	说明熔丝 EF19 虚接，更换相同规格熔丝

注：在任何情况下，测试结果应为 +B（标准值）。

熔丝 IF26（10A）两端对地电压测试见表 2-17。

表 2-17　熔丝 IF26（10A）两端对地电压测试

可能性	实测结果/V	状态	下一步操作
1	+B，+B	正常	如果上一步测试结果为 0，说明熔丝 IF26 至 VCU 间线路断路，应进一步测量其端对端导通性 如果上一步测试结果为 0~+B 间，说明熔丝 IF26 至 EF19 间线路虚接，应进一步测量其端对端导通性

（续）

可能性	实测结果/V	状态	下一步操作
2	均为 0~+B 间	异常	熔丝 IF26（10A）上游线路虚接故障，检修线路
3	0, 0	异常	熔丝 IF26（10A）上游线路故障，检修线路
4	+B, 0	异常	说明熔丝 IF26 熔断，测量 VCU 的 +B 电源线路负载
5	+B, 0~+B 间	异常	说明熔丝 IF26 虚接，更换相同规格熔丝

注：在任何情况下，测试结果应为 +B（标准值）。

找到驾驶舱的 IF26 熔丝，用同样的方法进行检测，见图 2-65。

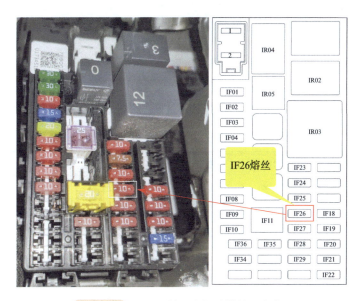

图 2-65　IF26 熔丝在驾驶舱熔丝盒位置

3）检测 EF19 熔丝输出端到整车控制器（VCU）CA66 线束插接器 50 号端子的通断。如果检测 EF19 熔丝正常，却没有电到 CA66 插接器 50 号端子，从供电电路图可以看出，开关电源（IG）供电有三段线路，第 1 段是从到蓄电池到点火开关到驾驶舱熔丝盒 IF26（10A）熔丝，第 2 段是从驾驶舱熔丝盒 IF26（10A）熔丝到前机舱熔丝盒 EF19（10A）熔丝，第 3 段是从前机舱熔丝盒 EF19（10A）熔丝到 VCU 线束插接器 50 号端子（图 2-66）。

可以通过排除法进行分段排除，首先用万用表测量 IF26 熔丝有无 12V 电压，如果有 12V 电压，说明蓄电池到驾驶舱 IF26 熔丝盒线路正常，如果为 0V，首先要排查蓄电池到驾驶舱 IF26 熔丝线路。同样的方法排查第 2 段、第 3 段线路。

4）VCU 的开关电源（IG）线路（CA66 线束插接器 50 号端子）对地负载测试（表 2-18）。

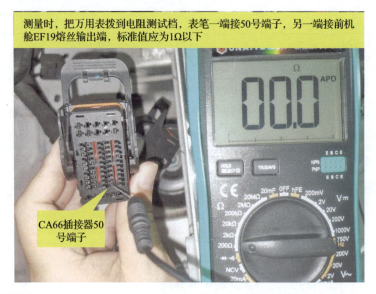

图 2-66 检测 CA66 插接器 50 号端子到前机舱熔丝盒 EF19 熔丝线路的通断

表 2-18 VCU 的开关电源（IG）线路对地负载测试

步骤	测试部位	实测结果/Ω	状态	可能原因	下一步操作
1	测量 VCU 线束端 50 号端子对地电阻	∞	正常	VCU 局部故障	转本表第 2 步骤
		<1.2	异常	线路虚接	检修线路
		≈0	异常	线路对地短路	
2	连接 VCU 插接器，测量其线束端 50 号端子对地电阻	∞	正常		更换熔丝 EF19
		<1.2	异常	VCU 内部对地虚接	更换 VCU
		≈0	异常	VCU 内部对地短路	

测试标准：关闭点火开关，断开 VCU 端 CA66 插接器，拔下熔丝 EF19，检查 VCU 与 EF19 熔丝座之间导线对地电阻值，标准值为 ∞。

（3）检测功率电源（吉利 EV450）

图 2-67 为 VCU 功率电源电路图，从中可以看出，主继电器 ER05 为 VCU 提供功率电源，如果主继电器 ER05 工作出现故障，将导致 VCU 丢失功率电源，高压互锁、水泵控制、水泵继电器控制、加速踏板位置传感器、冷却风扇继电器控制等就会出现异常，造成 VCU 启动保护模式，致使高压上电失败；如果继电器反馈信号出现异常，VCU 将认为继电器工作不可信，也将导致 VCU 启动保护模式，致使高压上电失败。同时继电器给 VCU 供电的功率电源有一路出现故障，由于两路功率电源在 VCU 内部并联，所以电源不会丢失。

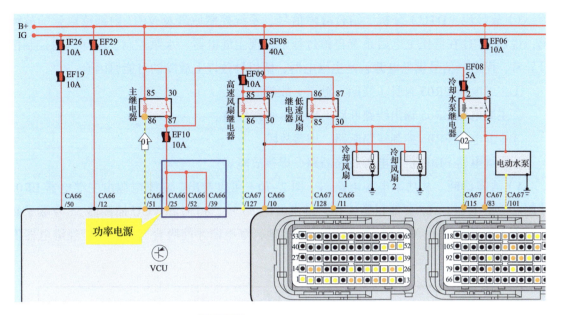

图 2-67　VCU 功率电源电路图

1）故障现象。踩制动踏板数次后并保持，点火开关上的绿色指示灯正常点亮；打开点火开关后，仪表点亮正常，"READY"灯无法正常点亮；蓄电池指示灯、整车系统故障指示灯点亮；仪表右侧驻车灯正常点亮，车辆驱动模式指示灯 ECO 正常点亮，仪表再无其他信号显示，见图 2-68；动力电池主正、主负继电器不动作，高压不上电，制动踏板高度反应正常，档位无法切换至 D 位或 R 位。

2）读取故障码。使用故障诊断仪，读取故障码（图 2-69），一共有 4 个故障：高速风扇使能信号对地短路、低速风扇使能信号对地短路、主继电器故障、电机水泵使能信号对地短路。

图 2-68　车辆无法上电，仪表故障灯点亮

图 2-69　吉利 EV450 功率电源故障诊断仪显示的故障码

3）故障码（DTC）分析。结合故障信号、系统控制原理及VCU内部读取到的故障码，说明VCU在低压上电后系统自检过程中发现主继电器、水泵控制、冷却风扇控制信号异常，而这些信号供电电源就是主继电器，所以导致以上故障的可能原因有：

①主继电器ER05自身（线圈、触点）故障。

②主继电器ER05输出线路断路、虚接、短路故障。

③主继电器ER05控制线路断路、虚接故障。

④主继电器ER05供电电源线路断路、虚接故障。

4）故障诊断。从功率电源电路图（图2-70）可以看出，功率电源由主继电器ER05控制。主继电器ER05要能正常工作，继电器的85号、86号和VCU插接器51号端子必须要有12V电，再由VCU控制51号端子接地，继电器才能吸合，电流才能经继电器供电给VCU。

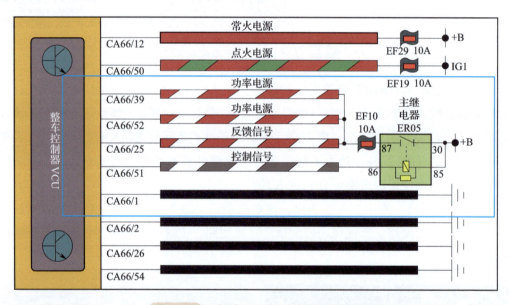

图2-70　吉利EV450功率电源电路图

①检测CA66插接器51号端子电压。

在测量线束CA66插接器51号端子之前的一个很重要步骤就是先把插接器拆下来找到51号端子。从维修手册的结构图（图2-71）可以看出，51号端子在CA66插接器的第二排倒数第二个（手柄在左边）。

把点火开关打到ON的位置，万用表拨到直流电压档位置，红表笔接到插接器51号端子（图2-72），黑表笔接地，测量51号端子对地电压，正常为蓄电池电压（11.8~12.8V）。

❗ **特别注意**：这是把CA66插接器拔下来测量插接器51号端子对地电压。

第二章 整车控制系统的诊断

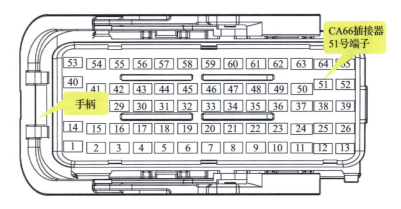

图 2-71　CA66 插接器 51 号端子的位置

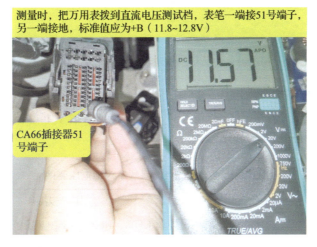

图 2-72　CA66 插接器 51 号端子对地电压测量

把整车控制器 CA66 插接器安装回去，再测量 CA66 插接器 51 号端子电压。见表 2-19。

表 2-19　VCU CA66 插接器 51 号端子对地电压测试

可能性	实测结果/V	状态	可能原因	下一步操作
1	+B 切换到 0	正常	继电器触点或线圈损坏	进行主继电器单件测试
2	始终为 0	异常	测试点上游线路可能存在断路故障	测量主继电器 85、86 号端子对地电压路故障
3	+B 切换到 0~+B 间的某个值	异常	测试点下游线路可能存在虚接故障	测量主继电器 85、86 号端子对地电压
4	始终为 +B	异常	测试点下游线路可能存在断路故障	

如果测得 CA66 插接器 51 号端子没有 12V 电压，下一步应检查继电器是否有故障，在前机舱熔丝盒上找到主继电器 ER05（图 2-73），然后对继电器 4 个端子进行检测。

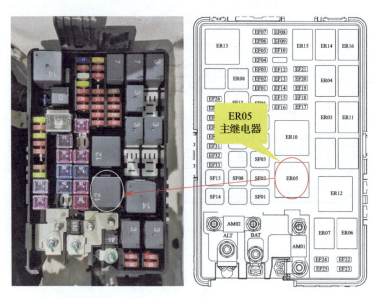

图 2-73　ER05 主继电器在前机舱熔丝盒的位置

②主继电器 87 号端子对地电压测试。

测试标准：打开点火开关或车辆充电时，用示波器测量主继电器 87 号端子对地电压，标准值为 +B，见表 2-20。

表 2-20　主继电器 87 号端子对地电压测试

可能性	实测结果/V	状态	下一步操作
1	+B	正常	测量熔丝 EF08、EF09、EF10 对地电压
2	方波电压脉冲	异常	说明测试点上游线路可能存在虚接故障，测量主继电器 30 号端子对地电压波形
3	0	异常	说明测试点上游线路可能存在断路故障，测量主继电器 86 号端子对地电压

如果用示波器测得的结果异常，把 ER05 主继电器拔下来，再用万用表测量继电器 87 号脚和熔丝盒端的电压（图 2-74），正常电压为 0V，因为继电器拔下来后，相当插接器断了，所以测得电压为 0V，如果装上继电器测得电压应是 12V。

③主继电器 30 号端子对地电压测试。

测试标准：任何时候，用示波器测量主继电器 30 号端子对地电压，标准值为 +B，见表 2-21。

图 2-74　测量主继电器座 87 号端子电压

表 2-21 主继电器 30 号端子对地电压测试

可能性	实测结果/V	状态	下一步操作
1	+B	正常	如果上一步测得结果为方波，说明继电器内部触点接触不良，进行主继电器单件测试；如果上一步测得结果为 0，说明继电器内部触点未吸合或损坏，测试主继电器 86 号端子对地电压
2	方波电压脉冲	异常	说明测试点上游线路可能存在虚接故障，检修线路
3	0	异常	说明测试点上游线路可能存在断路故障，检修线路

把继电器拔下，测量主继电器 30 号端子底座对地电压（图 2-75），测量正常电压应为 12V，如果不是 12V，则要检查从蓄电池到熔丝盒主继电器 30 号端子底座是否断路。

图 2-75 主继电器 30 号端子底座对地电压测试

④主继电器 86 号端子对地电压测试（表 2-22）。

表 2-22 主继电器 86 号端子对地电压测试

可能性	实测结果/V	状态	可能原因	下一步操作
1	+B 切换到 0	正常	继电器触点或线圈损坏	进行主继电器单件测试
2	始终为 0	异常	测试点上游线路可能存在断路故障	测量主继电器 85 号端子对地电压路故障
3	+B 切换到 0~+B 间的某个值	异常	测试点下游线路可能存在虚接故障	测量 VCU 的 CA66/51 号端子对地电压
4	始终为 +B	异常	测试点下游线路可能存在断路故障	

具体操作：先连接万用表，再打开点火开关或连接充电枪。打开点火开关或车辆充电时，用万用表测量主继电器 86 号端子对地电压，标准值为 +B 切换到 0。

⑤ 主继电器 85 号端子对地电压测试（表 2-23）。

表 2-23　主继电器 85 号端子对地电压测试

可能性	实测结果/V	状态	下一步操作
1	+B	正常	如果上一步测得结果为 0，说明继电器内部线圈断路，进行主继电器单件测试
2	0~+B 间的某个值	异常	说明测试点上游线路可能存在虚接故障，检修线路
3	0	异常	说明测试点上游线路可能存在断路故障，检修线路

测试标准：任何时候，用万用表测量主继电器 85 号端子对地电压，标准值为 +B。

把 ER05 主继电器拔下，测量继电器 85 号端子熔丝盒座对地电压，正常值应该为蓄电池电压（图 2-76）。

⑥ VCU 端主继电器控制信号对地电压测试（表 2-24）。

测试标准：打开点火开关或车辆充电时，用万用表测量 VCU 的 CA66/51 号端子对地电压，标准值为 +B 切换到 0。

图 2-76　主继电器 85 号端子对地电压测试

表 2-24　VCU 端主继电器控制信号对地电压测试

可能性	实测结果/V	状态	可能原因	下一步操作
1	始终为 0	异常	VCU 的 CA66/51 号端子到主继电器 86 号端子断路	检测 CA66/51 号端子到主继电器 86 号端子的导通性
2	+B 切换到 0~+B 间的某个值	异常	VCU 内部故障	更换 VCU
3	始终 +B	异常	VCU 内部故障	

⑦ 主继电器控制信号线路端对端导通性测试（表 2-25）。

表 2-25　检测 CA66/51 号端子到主继电器 86 号端子的导通性

步骤	实测结果/Ω	状态	可能原因	下一步操作
1	∞	异常	CA66/51 号端子到主继电器 86 号端子断路	更换或维修线路
2	明显大于 0	异常	CA66/51 号端子到主继电器 86 号端子电阻过大	更换或维修线路
3	近乎为 0	异常	插接器故障	维修或更换线束插接器

测试标准：关闭点火开关，断开 VCU 的 CA66 插接器，拔下主继电器，检查主继电器控制信号线路的电阻值（图 2-77），应为接近 0Ω。

图 2-77　检测 CA66/51 号端子到主继电器 86 号端子的导通性

⑧ VCU 端反馈输入信号对地电压测量（表 2-26）。

表 2-26　VCU 端反馈输入信号对地电压测量

步骤	实测结果/V	状态	可能原因	下一步操作
1	0 切换到 +B	正常	VCU 自身故障	更换 VCU
2	0 切换到部分 +B	异常	VCU 的 CA66/25 号端子到继电器 87 号端子间线路存在虚接故障	测量熔丝 EF10 输出端电压
3	始终 0	异常	VCU 的 CA66/25 号端子到继电器 87 号端子间线路、熔丝存在断路故障	测量熔丝 EF10 输出端电压

测试标准：打开点火开关或车辆充电时，用万用表测量 VCU 端反馈输入信号对地电压，标准值为 0 切换到 +B。

⑨熔丝 EF10（10A）两端对地电压测试（表 2-27）。

表 2-27　熔丝 EF10（10A）两端对地电压测试

可能性	实测结果/V	状态	下一步操作
1	+B，+B	正常	如果上一步测试结果为 0，说明熔丝 EF10 至 VCU 的 CA66/25 号端子间线路虚接，测量主继电器反馈线路端对端导通性 如果上一步测试结果为 0，说明熔丝 EF10 至 VCU 的 CA66/25 号端子间线路断路，测量主继电器反馈线路端对端导通性
2	均为 0~+B 间	异常	熔丝 EF10 到继电器 87 号端子间线路故障，检修线路
3	0，0	异常	熔丝 EF10 到继电器 87 号端子间线路断路，检修线路
4	+B，0	异常	造成熔丝 EF10 熔断，检查主继电器反馈线路对地是否短路或异常虚接

（续）

可能性	实测结果/V	状态	下一步操作
5	+B，0~+B 间某值	异常	说明熔丝 EF10 虚接，更换相同规格熔丝

注：在任何情况下，测试结果应为 +B（标准值）。

熔丝 EF10 是通过熔丝盒内部线路供电，有时很难确定哪端是输入端，哪端属于输出端，可以同时对熔丝两端进行测量。

测量方法：先在前机舱熔丝盒找到 EF10 熔丝的位置（图 2-78），未打开点火开关时测量 EF10 熔丝电压（图 2-79），正常值应为 0V。打开点火开关，测量 EF10 熔丝电压（图 2-80），正常电压应为蓄电池电压。

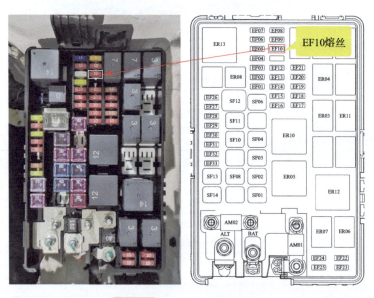

图 2-78　EF10 熔丝的位置

图 2-79　未打开点火开关时测量 EF10 熔丝电压

图 2-80　打开点火开关，测量熔丝 EF10（10A）两端对地电压

⑩主继电器反馈线路对地是否短路或异常虚接测试(表2-28)。

表2-28　主继电器反馈线路对地是否短路或异常虚接测试

步骤	测试条件	实测结果/Ω	状态	可能原因	下一步操作
1	拔下VCU的CA66插接器、熔丝EF10	∞	正常	VCU局部故障	转第2步
		明显大于0	异常	线路对地虚接	检修线路
		近乎为0	异常	线路对地短路	检修线路
2	连接VCU的CA66插接器	∞	正常		维修结束
		明显大于0	异常	VCU内部对地虚接	更换VCU
		近乎为0	异常	VCU内部对地短路	

测试标准：关闭点火开关，检测继电器反馈线路对地电阻值，标准值为∞。

⑪继电器单件测试(表2-29)。

表2-29　继电器单件测试

可能性	实测结果	状态	可能原因	下一步操作
1	60~200Ω	正常	继电器内触点故障	转本表第3种可能性
2	除60~200Ω外	异常	线圈断路、短路、电阻值过大	更换继电器
3	说明：只有在电阻正常的情况下才能进行通电测试 继电器85号端子接辅助蓄电池正极，86号端子接辅助蓄电池负极，用万用表测量30号和87号端子之间的电阻，应从无穷大切换到导通。如果不是，更换继电器			

测试标准：关闭点火开关，拔下主继电器，用万用表测量继电器85号端子和86号端子间线圈电阻(图2-81)，标准值为60~200Ω。

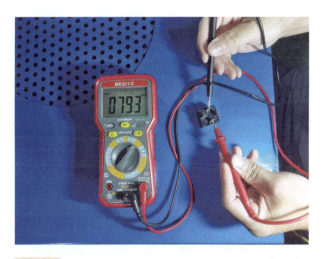

图2-81　测量继电器85号端子和86号端子间线圈电阻

2. 比亚迪秦 PLUS EV 整车控制器（VCU）供电检测

比亚迪秦 PLUS EV 整车控制器没有 +B 常电（图 2-82），是通过 IG3 继电器进行供电，电源经过 IG3 继电器，再经过 UF23（10A）熔丝，再到整车控制器 1、3 号端子，IG3 继电器由左车身控制器控制。检测时拔下 K49 线束插接器，测量端口 1 、3 号端子电压。

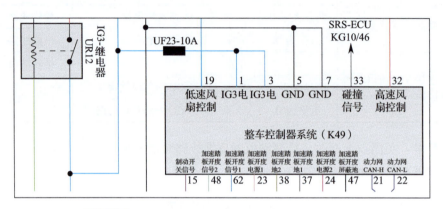

图 2-82　比亚迪秦 PLUS EV 整车控制器供电线路图

在车辆不上电的情况下，拔下 K49 插接器，首先根据 K49 端口定义（图 2-35）找到 1 号端子，然后车辆上电后用万用表测量 K49 端口 1 号端子对地电压（图 2-83），正常电压应该为蓄电池电压。

用检测 1 号端子同样的方法测量端口 3 号端子对地电压（图 2-84），正常电压应该为蓄电池电压。

图 2-83　整车控制器 1 号端子 IG3 供电电源测量

图 2-84　整车控制器 3 号端子 IG3 供电电源测量

如果测得 1、3 号端子电压为 0V，应首先测量前机舱熔丝盒的 UF23 熔丝电压（图 2-85），熔丝电压应为蓄电池电压，如果为 0V，则是 IG3 继电器供电故障。如果测得熔丝一端为蓄电池电压，一端为 0V，则为熔丝熔断所致。如果发现是熔丝熔断，不能马上更换熔丝，要检查线路有无短路后才能更换,否则一换上去熔丝就会又熔断。

图 2-85　测量前机舱熔丝盒 UF23 熔丝电压

三、整车控制器（VCU）接地检测

任何一个用电设备,包括控制器,除了供电正常外,还必须接地（俗称搭铁）良好,电流形成回路才能正常工作,所以检查接地也非常重要,断路、虚接都会造成工作不良。

1. 吉利 EV450 整车控制器接地测量

吉利 EV450 为了保证 VCU 接地稳定性,VCU 设置了 4 条接地线:CA66/1、CA66/2、CA66/26、CA66/54（图 2-86）。

检查接地是否良好时,首先要找到接地点,检查接地点连接是否牢固,图 2-87 为吉利 EV450 前机舱接地点（搭铁）。

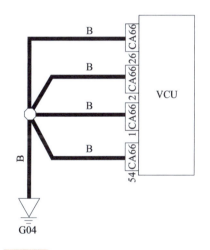

图 2-86　吉利 EV450 整车控制器接地

 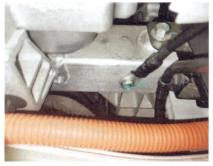

图 2-87　吉利 EV450 前机舱接地点

（1）检测 CA66/1 号端子对地的导通性

检测时，首先查找维修手册 CA66 插接器端口定义图，找到 1 号端子的位置（图 2-88），然后在实物上找到 CA66 插接器 1 号端子的位置，把万用表的测试档调到电阻档，表笔一端接 1 号端子，另一端接地（图 2-89），测得的电阻值应小于 1Ω，如果检测结果异常应进行线路维修（表 2-30）。

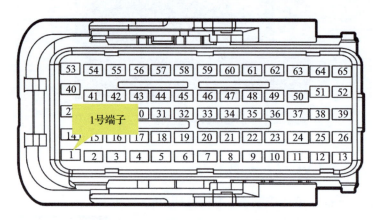

图 2-88　CA66 插接器 1 号端子的位置

图 2-89　CA66 插接器 1 号端子接地测量

表 2-30　CA66/1 接地线检测

步骤	实测结果/Ω	状态	可能原因	下一步操作
1	∞	异常	CA66/1 号端子到搭铁点断路	更换或维修线路
2	明显大于 0	异常	CA66/1 号端子到搭铁点电阻过大	更换或维修线路
3	近乎为 0	异常	CA66 插接器故障	维修或更换线束插接器

（2）检测 CA66/2 号端子对地的导通性

检测时，首先查找维修手册 CA66 插接器端口定义图，找到 2 号端子的位置（图 2-90），然后在实物上找到 CA66 插接器 2 号端子的位置，把万用表的测试档调到电阻档，表笔一端接 2 号端子，另一端接地（图 2-91），测得的电阻值应小于 1Ω，如果检测结果异常应进行线路维修（表 2-31）。

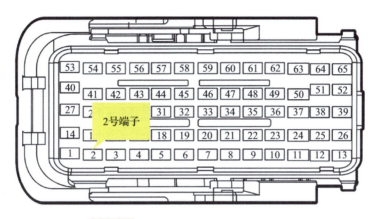

图 2-90　CA66 插接器 2 号端子的位置

图 2-91　CA66 插接器 2 号端子接地测量

表 2-31　CA66/2 接地线检测

步骤	实测结果/Ω	状态	可能原因	下一步操作
1	∞	异常	CA66/2 号端子到搭铁点断路	更换或维修线路
2	明显大于 0	异常	CA66/2 号端子到搭铁点电阻值过大	更换或维修线路
3	近乎为 0	正常	CA66 插接器故障	维修或更换线束插接器

（3）检测 CA66/26 号端子对地的导通性

检测时，首先查找维修手册 CA66 插接器端口定义图，找到 26 号端子的位置（图 2-92），然后在实物上找到 CA66 插接器 26 号端子的位置，把万用表的测试档调到电阻档，表笔一端接 26 号端子，另一端接地（图 2-93），测得的电阻值应小于 1Ω，如果检测结果异常应进行线路维修（表 2-32）。

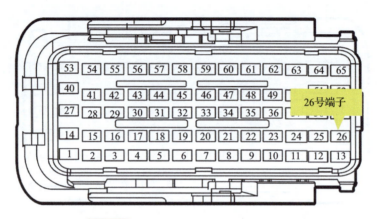

图 2-92　CA66 插接器 26 号端子的位置

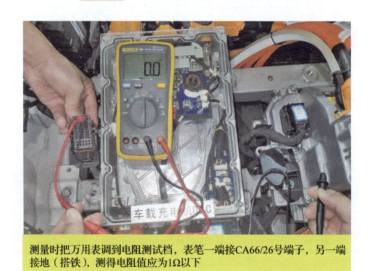

图 2-93　CA66 插接器 26 号端子接地测量

表 2-32　CA66/26 接地线检测

步骤	实测结果/Ω	状态	可能原因	下一步操作
1	∞	异常	CA66/26 号端子到搭铁点断路	更换或维修线路
2	明显大于 0	异常	CA66/26 号端子到搭铁点电阻值过大	更换或维修线路
3	近乎为 0	正常	CA66 插接器故障	维修或更换线束插接器

（4）检测 CA66/54 号端子对地的导通性

检测时，首先查找维修手册 CA66 插接器端口定义图，找到 54 号端子的位置（图 2-94），然后在实物上找到 CA66 插接器 54 号端子的位置，把万用表的测试档调到电阻档，表笔一端接 54 号端子，另一端接地（图 2-95），测得的电阻值应小于 1Ω，如果检测结果异常应进行线路维修（表 2-33）。

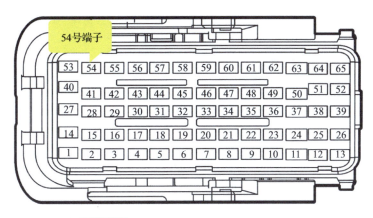

图 2-94　CA66 插接器 54 号端子的位置

测量时把万用表调到电阻测试档，表笔一端接CA66/54号端子，另一端接地（搭铁），测得电阻值应为1Ω以下（图中测得3.4Ω，是表的误差所致）

图 2-95　CA66 插接器 54 号端子接地测量

表 2-33　CA66/54 接地线检测

步骤	实测结果/Ω	状态	可能原因	下一步操作
1	∞	异常	CA66/54 号端子到搭铁点断路	更换或维修线路
2	明显大于 0	异常	CA66/54 号端子到搭铁点电阻值过大	更换或维修线路
3	近乎为 0	正常	CA66 插接器故障	维修或更换线束插接器

2. 比亚迪秦 PLUS EV 整车控制器接地测量

从比亚迪秦 PLUS EV 整车控制器接地线路图（图 2-96）可以看出，整车控制器的 5、7 号端子为接地线，拔出整车控制器插接器测量 5、7 号端子对地电阻（图 2-97、图 2-98），正常值应该为 0Ω，如果测得为 ∞，说明接地线路断路，必须检修接地线路。

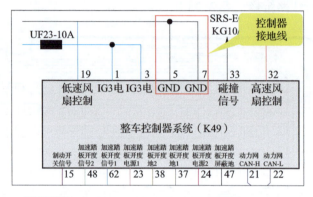

图 2-96　比亚迪秦 PLUS EV 整车控制器接地线路

图 2-97　用万用表检测 K49 插接器 5 号端子接地电阻

图 2-98　用万用表检测 K49 插接器 7 号端子接地电阻

四、整车控制器（VCU）的更换

1. 吉利 EV450 整车控制器的更换

（1）整车控制器的更换

吉利 EV450 整车控制器安装在前机舱内（图 2-99），打开前机舱盖即可看到，更换比较方便，更换前一定要关掉点火开关，整车下高压电，把蓄电池负极拆下 5 分钟后才能操作。

图 2-99　吉利 EV450 更换整车控制器

（2）更换后编程和设置

完成整车控制器更换后，对新的整车控制器进行编程和设置，设置之前要检查蓄电池的电压为 9~16V，车辆所有功能都应该能正常工作，更换 VCU 后若未完成写 VIN、ESK 工作，则车辆无法启动，此时仪表无警告，车辆不警告但整车会记录故障码，故障码为：VCU 未写入 ESK 码。更换整车控制器后的编程和设置步骤如下（图 2-100）：

1）将本车遥控钥匙放入可以被认证的区域内。

2）将故障诊断仪连接至 OBD 诊断接口。

3）按下启动开关使电源模式置于"ON"位。

4）开启故障诊断仪，选择"帝豪 EV350/450"。

5）选择"整车控制器（VCU）"，进入"整车控制器（VCU）"系统。

6）选择"写数据功能"，进入"写数据功能"界面。

①选择"写车辆识别码（VIN 码）"进入"写车辆识别码（VIN 码）"界面。

②弹出"输入数据"界面，输入 17 位车辆识别码（VIN 码），单击"确认"，写入完毕。

单击"退出"，进入"整车控制器（VCU）"系统。

7）选择"写 ESK"，弹出"写 ESK 码"选项。

8）选择"是"，弹出"写入数据"界面，写入 ESK 码，单击"确认"，ESK 码写入成功。

退出故障诊断仪，车辆可以正常行驶。

2. 比亚迪秦 PLUS EV 整车控制器的更换

整车控制器的拆装在前面已做介绍，在此不再赘述。

需要特别注意是，更换整车控制器后要进行重新匹配。方法：在进行 VCU 售后换件前，需要对原车上的 VCU 进行密钥清除；新件更换后，再进行 VCU 防盗编程。

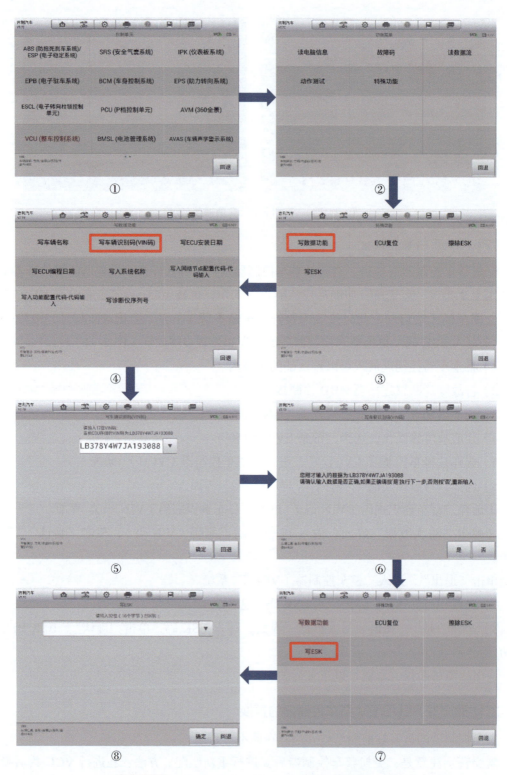

图2-100 吉利EV450更换整车控制器后编程和设置

第六节 高压互锁异常造成无法上电故障诊断

一、吉利 EV450 高压互锁检测

1. 吉利 EV450 高压互锁控制原理

高压互锁是指通过使用低压信号来检查电动汽车上所有与高压母线相连的各分路包括整个电池系统导线、插接器、电机控制器、高压盒及保护盖等系统回路的电气连接完整性，低压信号沿着闭合的低压回路传递（图2-101），低压信号中断说明某一个高压插接器有松动或者脱落。目前整车高压互锁一般由 VCU 完成检测。从系统功能安全的角度出发，每个可能存在的风险都需要配置相应的安全技术手段予以监测，以降低风险发生的概率。从这个层面出发，高压互锁，作为电动汽车高压系统的一个安全措施，在电路设计中使用。电动汽车高压系统的风险点之一，是会突然断电，汽车失去动力。汽车失去动力的可能原因有几种，其中之一就是高压回路自动松脱。高压互锁可以监测到这种迹象，并在高压断电之前给 VCU 提供警告信息，预留整车控制系统采取应对措施的时间。

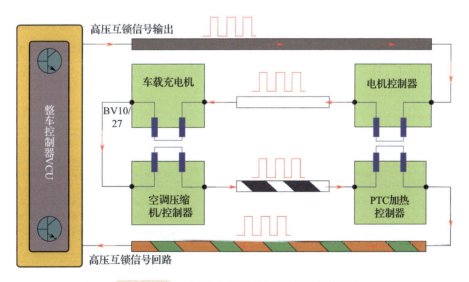

图 2-101　吉利 EV450 高压互锁电路连接图

吉利帝豪 EV450 纯电动汽车的高压互锁分为电池内部环路互锁、外部高压插件环路互锁。电池内部环路互锁由 BMS 单独检测，通过 CAN 发至整车网络由 VCU 根据故障等级进行相应操作。外部高压插件环路互锁由 VCU 检测，并根据故障等级进行相应操作。如果高压互锁出现故障，整车是无法上高压电的，VCU 检测不到高压互锁信号，就会将整个车辆高压电断开，并将检测到的故障发送到 BCM，由 BCM 传到仪表显示故障现象。

外部高压插件环路由 VCU、电机控制器、车载充电机（OBC）、空调压缩机和 PTC 加热控制器组成，高压互锁由 VCU 发出信号经过电机控制器、OBC、空调压缩机、PTC 加热控制器回到 VCU（图 2-102）。如果中间哪个系统的高压互锁不正常，那么 VCU 将接收不到高压互锁信号，VCU 将全车下电，报故障。

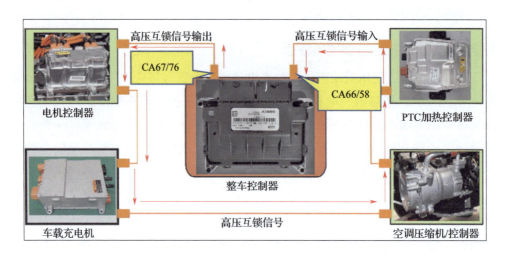

图 2-102　吉利 EV450 高压互锁实物连接图

高压互锁信号由整车控制器的 CA67/76 号端子输出，CA66/58 号端子输入（图 2-103），检测时把 CA67、CA66 插接器拔出，用万用表测量 CA67/76 和 CA66/58 号端子的电阻，正常值应该是低于 1Ω，如果为 ∞，则说明高压互锁断路，也就是某一个高压插接器没有安装到位。

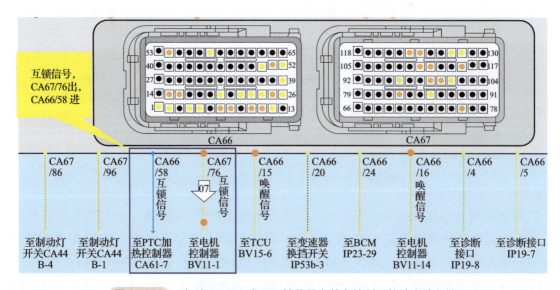

图 2-103　吉利 EV450 高压互锁信号在整车控制器的输出输入端

2. 吉利 EV450 高压互锁故障检测

（1）读取故障码

踩着制动踏板并保持，打开点火开关到 ON 位置，使用故障诊断仪读取故障码（图 2-104），显示 P1C8E04［高压互锁 PWM（脉宽调制）输出信号开路］、P1C4096（高压互锁故障）。出现这两个故障码，都指向一个问题，就是互锁信号已断路，通俗地讲就是 VCU 从 CA67/76 发出去信号，没有从 CA66/58 收到回来的信号，说明高压插接器没有接触到位或互锁线路有断路。

图 2-104　用故障诊断仪读取故障码

（2）故障检测

进行故障检测前，首先查找维修手册找到高压互锁的电路图（图 2-105），从电路可以看出，高压互锁是一个串联闭环线路，只要中间有任何一个地方断路，线路就不能形成一个闭环，检测时可以先从整个环路检测开始到分段检测的方法进行故障排除。

从电路图可以看出，可以分 10 段独立和多段组合进行检测：① CA66/58 至 CA67/76；② CA66/58 至 CA61/7；③ CA61/5 至 CA58/24；④ CA58/24 至 BV01/24；⑤ BV01/24 至 BV08/7；⑥ BV08/6 至 BV10/27；⑦ BV10/26 至 BV11/4；⑧ BV11/1 至 BV01/25；⑨ BV01/25 至 CA58/25；⑩ CA58/25 至 CA67/76。

1）检测 CA66 插接器 58 号端子和 CA67 插接器 76 号端子之间导通性。拔出 CA66、CA67 插接器，根据插接器定义图，找到 CA66/58、CA67/76 号端子（图 2-106），用万用表测量 CA66 插接器 58 号端子和 CA67 插接器 76 号端子之间的电阻，正常情况只有几欧姆（图 2-107），如果是无穷大（图 2-108），则有可能是哪个插接器没装好。

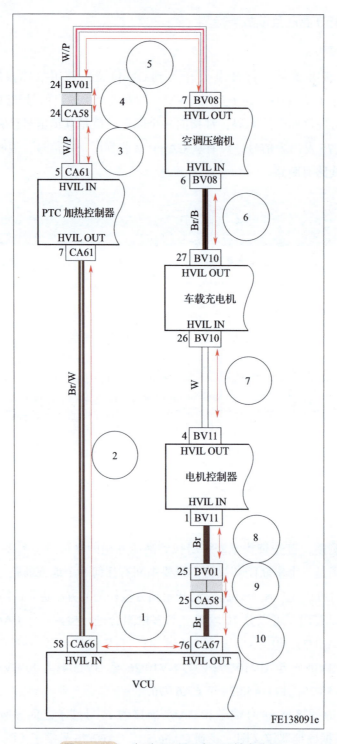

图 2-105　吉利 EV450 高压互锁电路图

第二章 整车控制系统的诊断

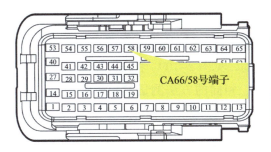
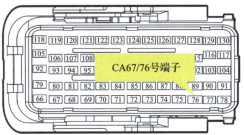

图 2-106　线束插接器 CA66/58、CA67/76 号端子

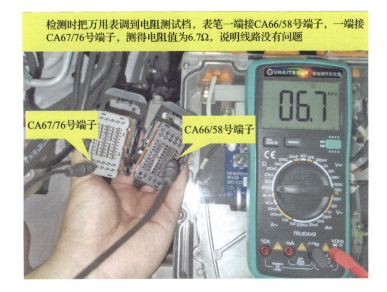

扫一扫

测量互锁 CA66 线插 58 号脚到 CA67/76 电阻

图 2-107　检测插接器 CA66/58 号端子和 CA67/76 号端子之间的导通性（通）

图 2-108　检测插接器 CA66/58 号端子和 CA67/76 号端子之间的导通性（断）

如果测得输出端 CA67/76 至 CA66/58 之间电阻值为 ∞，那么就要分段进行检测，可以一段一段检测，也可以选择几段一起测，例如先测 VCU 线束插接器 CA67/76 号端子到车载充电机 BV10/26 号端子这段，测量方法同前，见图 2-109、图 2-110。

2）检测 CA66/58 和 BV10/27 之间导通性。相同的方法测量 CA66/58 至 BV10/27 之间的电阻，标准值应小于 1Ω，实测值为 ∞，异常，见图 2-111。

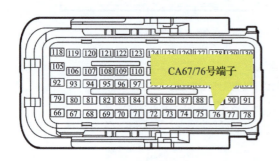
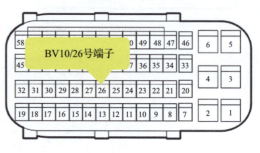

图 2-109　线束插接器 CA67/76、BV10/26 号端子

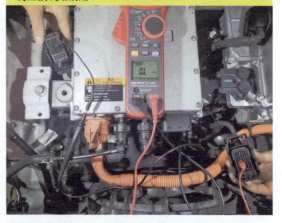

图 2-110　检测插接器 CA67/76 号端子和
　　　　　BV10/26 号端子之间的导通性

图 2-111　检测插接器 CA66/58 号端子和
　　　　　BV10/27 号端子之间的导通性

3）检测 CA66/58 和 CA61/7 之间导通性。相同的方法测量 CA66/58 至 CA61/7（图 2-112）之间的电阻，标准值应小于 1Ω，实测值为 ∞，见图 2-113，线路故障，维修 CA66/58 至 CA61/7 之间线路。

从分段检测的结果可以看出，故障出在 CA66/58 至 CA61/7 之间，这段线路存在断路故障，需要维修这段线路。

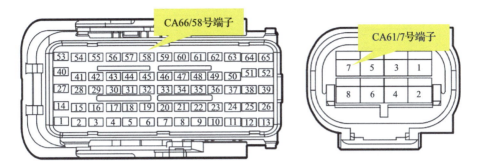

图 2-112　CA66/58 号端子和 PTC 加热控制器 CA61/7 号端子

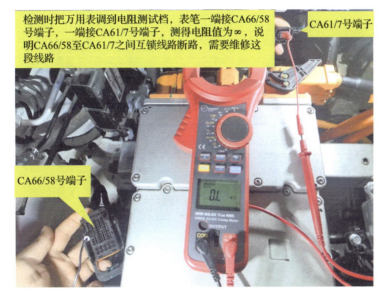

图 2-113　检测插接器 CA66/58 号端子和 CA61/7 号端子之间的导通性

二、比亚迪秦 PLUS EV 高压互锁故障检测

1. 比亚迪秦 PLUS EV 高压互锁控制原理

见图 2-114，比亚迪秦 PLUS EV 高压互锁控制和吉利 EV450 不一样，高压互锁信号并不是由整车控制器（VCU）进行管理，也不是由充配电总成进行管理，而是由电池管理器进行管理。高压互锁信号由电池管理系统的 BK51/18 端口输出，BK51/13 端口输入，检测时把 BK51 插接器拔出，用万用表测量 BK51/18 和 BK51/13 端子间的电阻，正常值应该是低于 1Ω，如果为 ∞，则说明高压互锁断路，也就是某一个高压插接器没有安装到位。高压互锁检测时需用到的充配电总成线插 B74、电池管理系统线插 BK51、直流充电口 KB53B，见图 2-115。

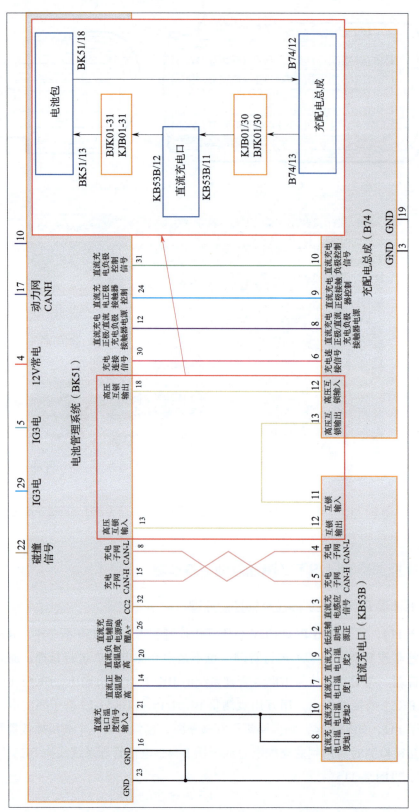

图2-114 比亚迪秦PLUS EV高压互锁接线图

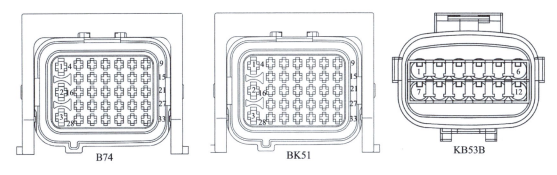

图 2-115　B74、BK51、KB53B 线插定义图

2. 比亚迪秦 PLUS EV 高压互锁故障检测

（1）故障现象

比亚迪秦 PLUS EV 车辆，踩下制动踏板，按下点火开关，整车低压电源可以打开，组合仪表报"请检查插接器"（图2-116），上不了 OK 电（高压电）。

（2）读取故障码

连接专用诊断仪读取电池管理系统故障，系统报 P1A6000（高压互锁 1 故障），见图 2-117。

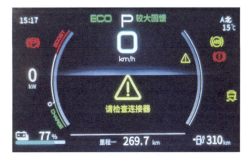

图 2-116　仪表显示"请检查连接器"故障

读取电池管理控制系统数据流，数据流显示高压互锁 1 锁止状态，说明互锁 1 回路节点有故障，见图 2-118。

图 2-117　诊断仪显示高压互锁 1 故障　　图 2-118　读取数据流显示高压互锁 1 锁止

根据读取的故障码和数据分析，对照电路图（图 2-119），需要检测高压互锁 1 线路信号。

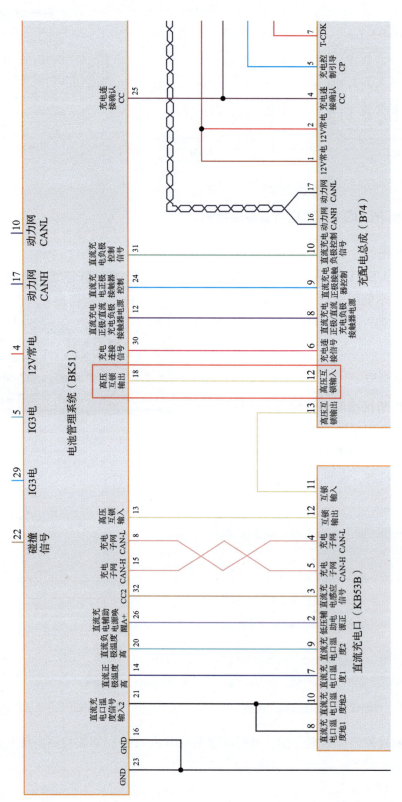

图2-119 比亚迪秦PLUS EV高压互锁电路图

（3）故障检测

使用示波仪，测量充配电总成插头端 B74/12 号端子波形，测量结果为 5V 矩形波，说明 BMS 输出互锁信号波形到此节点正常（图 2-120）。

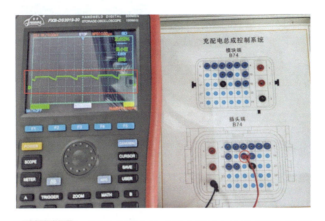

图 2-120　测量充配电总成插头端 B74/12 号端子波形

将示波仪探头移至充配电总成模块端 B74/12 号引脚，测量结果为 0V 直线，说明互锁信号到此节点异常（图 2-121）。

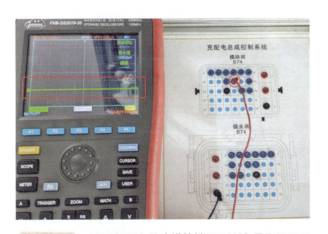

图 2-121　检测充配电总成模块端 B74/12 号引脚波形

关闭点火开关，使用万用表欧姆档测量电池管理系统插头端 BK51/18 号端子和 BK51/13 号端子间导线通断情况，测量结果无穷大，证明此段线路断路故障（图 2-122）。

（4）故障排除

经检查，是充配电总成模块端 B74/12 号端子与电池管理系统 BK51/18 号端子间线路断路。修复充配电总成模块端 B74/12 号端子线路故障，使用万用表欧姆档，测量电池管理系统插头端 BK51/18 号端子和 BK51/13 号端子间导线通断情况，结果显示为 1.2Ω，故障排除（图 2-123）。

图 2-122　测量电池管理系统插头端 BK51/18 号端子和 BK51/13 号端子间导线通断（异常）

图 2-123　测量电池管理系统插头端 BK51/18 号端子和 BK51/13 号端子间导线通断（正常）

第七节　加速踏板位置传感器异常造成车辆无法加速故障诊断

一、加速踏板位置传感器工作原理

图 2-124 为吉利 EV450 加速踏板位置传感器线路图，从图中可以看出，加速踏板位置传感器由两个传感器组成，分别有各自的供电电源、搭铁和信号线路。加速踏板位置传感器 1 的信号电压范围为 0.73~4.49V，加速踏板位置传感器 2 的电压范围为 0.35~2.25V。

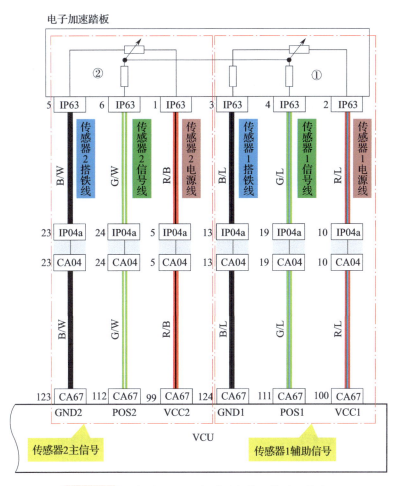

图 2-124　吉利 EV450 加速踏板位置传感器线路图

加速踏板位置传感器 2 作为主信号，加速踏板位置传感器 1 作为辅助信号。如果传感器 1 出现故障，VCU 将采用传感器 2 信号作为依据，对车辆进行控制；如果传感器 2 出现故障，VCU 无法确定驾驶人对车辆运行的转矩需求，MCU 无法控制驱动电机输出电流，车辆将不能行驶。吉利 EV450 加速踏板位置传感器实物图见图 2-125。

图 2-125　吉利 EV450 加速踏板位置传感器实物图

二、故障检测诊断

1. 吉利 EV450 加速踏板位置传感器故障检测

某一吉利 EV450 纯电动汽车，车辆正常上电后，踩下制动踏板，档位切换到 D 位或 R 位，释放 EPB，仪表上"驻车制动指示灯"熄灭，松开制动踏板，踩下加速踏板，车辆运行，但加速时速度不超过 6km/h，同时右侧的能量回收条闪烁。

（1）读取故障码

使用诊断仪读取故障码，显示有 P1C1F04、P1C2104、U111587、P1C3E01、P1C2200、P1C3C96 共 6 个故障码（图 2-126、表 2-34）。

图 2-126　加速踏板位置传感器故障读取的故障码

表 2-34　加速踏板位置传感器故障码列表

序号	故障码	故障码说明
1	P1C1F04	加速踏板信号 1 开路或短路到地
2	P1C2104	加速踏板信号 2 开路或短路到地
3	U111587	与车载充电机通信丢失
4	P1C3E01	ESC（电子稳定控制单元）失效
5	P1C2200	加速踏板信号不可信
6	P1C3C96	TCS（牵引力控制系统）报故障

（2）故障原因分析

从图 2-124 加速踏板位置传感器的电路图可以看出，传感器的供电和接地都是通过整车控制器（VCU），出现加速踏板位置传感器故障就有三种可能性，一是整车控制器故障造成加速踏板位置传感器供电或接地故障，加速踏板无法工作；二是加速踏板位置传感器自身故障造成无法工作；三是加速踏板位置传感器和整车控制器间的线路出现故障，造成加速踏板位置传感器无法工作。

（3）故障检测诊断

1）VCU 端加速踏板位置传感器 2 输入信号对地电压测试。打开点火开关，车辆正常运行，加速踏板匀速踩下时，测试 VCU 端子 CA67/112 对地电压应在 0.35~2.25V 之间逐渐增大，具体见表 2-35。

表 2-35 VCU 端加速踏板位置传感器 2 输入信号对地电压测试

可能性	测试条件	实测结果/V	状态	下一步操作
1	未踩加速踏板	0.35 左右	正常	如果诊断仪数据流显示传感器数据错误，则说明 VCU 自身存在故障
	匀速踩下加速踏板	0.35~2.25		
2	未踩加速踏板	0	异常	说明传感器信号输出故障，信号线路断路或信号线对地短路，测量加速踏板位置传感器 2 输出信号对地电压
	匀速踩下加速踏板	0		
3	未踩加速踏板	约 2.25 或 5	异常	说明传感器信号输出故障或信号线对参考电源短路，测量加速踏板位置传感器 2 输出信号对地电压
	匀速踩下加速踏板	始终约 2.25 或 5		
4	未踩加速踏板	明显低于 0.35	异常	说明传感器输出故障或踏板安装错误，测量加速踏板位置传感器 2 输出信号对地电压
	踩下加速踏板后	明显低于 5.03		
5	未踩加速踏板	明显高于 0.35	异常	
	踩下加速踏板后	明显高于 2.25		

2）加速踏板位置传感器 2 输入信号对地电压测试。测试方法和输入信号一样，具体见表 2-36。

表 2-36 加速踏板位置传感器 2 输入信号对地电压测试

可能性	测试条件	实测结果/V	状态	下一步操作
1	未踩加速踏板	0.35 左右	正常	如果上一步测试结果为 0，说明传感器 2 信号线路断路；如果上一步测试结果明显低于 0.35V 或 2.25V，说明传感器 2 信号线路电阻值过大，测量传感器 2 信号线路端对端导通性
	匀速踩下加速踏板	0.35~2.25		
2	未踩加速踏板	0	异常	说明传感器 2 自身、信号线路对地短路或电源线路断路，检查传感器 2 信号线路对地是否短路
	匀速踩下加速踏板	0		
3	未踩加速踏板	约 2.25 或 5	异常	说明传感器 2 信号线路对参考电源短路，检查信号线路对参考电源是否短路
	匀速踩下加速踏板	始终约 2.25 或 5		说明传感器 2 搭铁线路断路，测量传感器 2 搭铁线路对地电压

（续）

可能性	测试条件	实测结果/V	状态	下一步操作
4	未踩加速踏板	明显低于 0.35	异常	说明传感器输出故障或踏板安装错误，测量加速踏板位置传感器 2 输出信号对地电压
4	踩下加速踏板后	明显低于 5.03	异常	
5	未踩加速踏板	明显高于 0.35	异常	
5	踩下加速踏板后	明显高于 2.25	异常	

3）加速踏板位置传感器 2 信号线路导通性测试。关闭点火开关，拔下 VCU 的 CA67 线束插接器、加速踏板位置传感器的 IP63 插接器，检查 VCU 与加速踏板位置传感器之间线路的电阻值，应接近 0，具体见表 2-37。

表 2-37　加速踏板位置传感器 2 信号线路导通性测试

步骤	实测结果/Ω	状态	可能原因	下一步操作
1	∞	异常	线路断路	更换或维修线路
2	明显大于 0	异常	线路电阻值过大	更换或维修线路
3	近乎为 0	正常	插接器故障	维修或更换线束插接器

4）加速踏板位置传感器 2 信号线路对地是否短路测试。关闭点火开关，测量加速踏板位置传感器 2 信号线路对地电阻，应符合要求，具体见表 2-38。

表 2-38　加速踏板位置传感器 2 信号线路对地是否短路测试

步骤	测试条件	实测结果/Ω	状态	可能原因	下一步操作
1	拔下 VCU 的 CA67 插接器、加速踏板位置传感器的 IP63 插接器	∞	正常	传感器、VCU 局部故障	转至本表步骤 2
1		明显大于 0	异常	线路对地虚接	检修线路
1		近乎为 0	异常	线路对地短路	检修线路
2	连接 VCU 的 CA67 插接器	∞	正常	传感器内部故障	转本表步骤 3
2		明显大于 0	异常	VCU 内部对地虚接	更换 VCU
2		近乎为 0	异常	VCU 内部对地短路	更换 VCU
3	连接加速踏板位置传感器的 IP63 插接器	∞	正常	传感器及电源故障	测量传感器 2 电源
3		明显大于 0	异常	传感器内部故障	更换加速踏板位置传感器
3		近乎为 0	异常	传感器内部故障	更换加速踏板位置传感器

5）加速踏板位置传感器 2 信号线路对参考电源是否短路测试。关闭点火开关，测量加速踏板位置传感器 2 信号线路对地电压，应符合要求，具体见表 2-39。

表 2-39 加速踏板位置传感器 2 信号线路对参考电源是否短路测试

步骤	测试部位	实测结果/V	状态	可能原因	操作
1	拔下 VCU 的 CA67 插接器、加速踏板位置传感器的 IP63 插接器	悬空电压	正常	传感器、控制单元故障	转本表步骤 2
		大于 0.1	异常	对参考电源线路短路或虚接	检修线路
2	连接 VCU 的 CA67 插接器	悬空电压	正常	加速踏板故障	转本表步骤 3
		大于 0.1	异常	VCU 内部对电源短路	更换 VCU
3	连接加速踏板位置传感器的 IP63 插接器	悬空电压	正常	传感器及电源故障	测量传感器 2 电源电压
		大于 0.1	异常	传感器内部对电源短路	更换加速踏板

6）加速踏板位置传感器 2 对地电压测试。打开点火开关，用万用表测量传感器 2 电源输出对地电压，标准值为 5V，具体见表 2-40。

表 2-40 加速踏板位置传感器 2 对地电压测试

可能性	实测结果/V	状态	可能原因	下一步操作
1	5	正常	传感器故障	更换加速踏板
2	0	异常	传感器供电线路断路	测量 VCU 端传感器输出对地电压
3	0.1~4.5	正常	传感器供电线路电阻值过大	

7）VCU 端踏板位置传感器 2 对地电压测试。打开点火开关，用万用表测量 VCU 端踏板位置传感器 2 电源输出对地电压，标准值为 5V，具体见表 2-41。

表 2-41 VCU 端踏板位置传感器 2 对地电压测试

可能性	实测结果/V	状态	可能原因	下一步操作
1	5	正常	传感器故障	测量线路导通性
2	0	异常	VCU 输出故障	更换 VCU
3	0.1~4.5	正常		

8）加速踏板位置传感器 2 电源线路导通性测试。关闭点火开关，拔下 VCU 的 CA67 插接器、加速踏板位置传感器的 IP63 插接器，检查 VCU 端子 CA67/99 到加速踏板位置传感器 IP63/1 端子间线路的电阻值，标准值近乎为 0，具体见表 2-42。

表 2-42 加速踏板位置传感器 2 电源线路导通性测试

可能性	实测结果/Ω	状态	可能原因	下一步操作
1	近乎为 0	正常	插接器故障	维修或更换线束插接器

（续）

可能性	实测结果/Ω	状态	可能原因	下一步操作
2	明显大于 0	异常	线路电阻值过大	维修或更换线束
3	∞	异常	线路断路	维修或更换线束

9）加速踏板位置传感器 2 搭铁信号对地电压测试。用万用表测量加速踏板位置传感器 2 搭铁信号对地电压，标准值应小于 0.1V，具体见表 2-43。

表 2-43　加速踏板位置传感器 2 搭铁信号对地电压测试

可能性	实测结果/V	状态	可能原因	下一步操作
1	0	正常	传感器 2 自身故障	更换加速踏板
2	5	异常	传感器 2 搭铁线路断路	测量 VCU 端传感器 2 搭铁对地电压
3	0.1~4.5	异常	传感器 2 搭铁线路电阻值过大	

10）VCU 端传感器 2 搭铁信号对地电压测试。打开点火开关，用万用表测量 VCU 端传感器 2 搭铁信号对地电压，标准值应小于 0.1V，具体见表 2-44。

表 2-44　VCU 端传感器 2 搭铁信号对地电压测试

可能性	实测结果/V	状态	可能原因	下一步操作
1	0	正常	VCU 至传感器间线路断路或虚接	测量线路导通性
2	5	异常	VCU 输出故障	更换 VCU
3	0.1~4.5	异常		

11）加速踏板位置传感器 2 搭铁线路导通性测试。关闭点火开关，拔下 VCU 的 CA67 插接器、加速踏板位置传感器的 IP63 插接器，检查 VCU 到传感器间线路的电阻值，标准值近乎为 0，具体见表 2-45。

表 2-45　加速踏板位置传感器 2 搭铁线路导通性测试

可能性	实测结果/Ω	状态	可能原因	下一步操作
1	近乎为 0	正常	插接器故障	维修或更换线束插接器
2	明显大于 0	异常	线路电阻值过大	维修或更换线束
3	∞	异常	线路断路	

2. 比亚迪秦 PLUS EV 加速踏板位置传感器故障检测

（1）故障现象

一辆比亚迪秦 PLUS EV 上电后无法行驶，仪表上显示驱动功能受限（图 2-127）。

第二章 整车控制系统的诊断

图 2-127　比亚迪秦 PLUS EV 驱动功能受限

（2）比亚迪秦 PLUS EV 加速踏板结构

比亚迪秦 PLUS EV 加速踏板见图 2-128，结构上和吉利 EV450 有区别，特别是加速踏板线束插接器端子编号定义上，在进行检测时要特别注意，3 和 6 号端子是整车控制器供电线，4 和 5 号端子是接地线，1 和 2 号是信号线。而吉利 EV450 是 1 和 2 号端子是供电线，3 和 5 是接地线，4 和 6 是信号线。

图 2-128　比亚迪秦 PLUS EV 加速踏板

（3）用诊断仪读取故障码

用诊断仪读取故障码，显示 P1D7B00 加速踏板信号 1- 信号故障、P1D7C00 加速踏板信号 2- 信号故障（图 2-129），传感器两个信号都不正常。

（4）故障检测

比亚迪秦 PLUS EV 加速踏板位置传感器工作原理和吉利 EV450 一样，只是引脚编号不一样（图 2-130），检测时首先拔下 KG44 加速踏板位置传感器线束插接器（图 2-128），用万用表测量 3 和 6 号脚有无 5V 电压，如果没有 5V 电压则是整车控制器故障或线路故障。

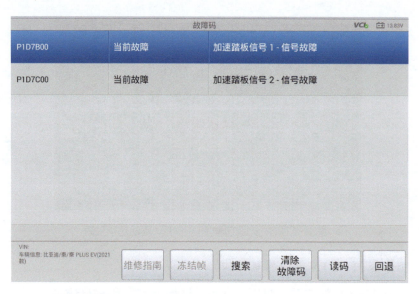

图 2-129　比亚迪秦 PLUS EV 加速踏板位置传感器故障码

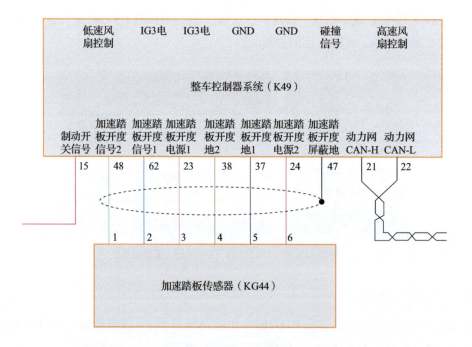

图 2-130　比亚迪秦 PLUS EV 加速踏板位置传感器接线图

　　加速踏板位置传感器信号 1 和 2 信号电压和其他参数的检测方法和吉利 EV450 的检测方法是一样的，请参照前面介绍的内容。

　　经检测，发现加速踏板位置传感器信号 1 和 2 信号输出电压为 0V，检查发现加速踏板位置传感器线插在做室内装饰时拔下没有安装到位，插上线插后故障排除。

第八节 制动灯开关异常造成无法上电故障诊断

一、吉利 EV450 制动灯开关故障诊断

1. 吉利 EV450 制动灯控制高压上电原理

图 2-131 为制动灯开关线路图，可以看出，制动灯开关内部有一组联动开关，向 VCU 发送两组信号，VCU 根据收到的点火信号和制动开关信号，控制高压系统上电。

吉利 EV450 制动开关由一个常开信号和一个常闭信号组成，在未踩制动踏板时，常开开关断开，VCU 未收到 12V 电信号，常闭开关接通，VCU 接到 12V 电信号。当踩下制动踏板时，刚好相反，常开开关会接通，常闭开关断开。

> ⚠ **特别注意**：制动开关常闭信号（制动开关2）出现异常时，比如 EF18 熔丝熔断时，踩制动踏板时，制动灯会正常点亮，不影响车辆正常上高压电。常开信号（制动开关1）异常时，比如 EF02 熔丝熔断时，踩下制动踏板时制动灯能点亮，但车辆无法上高压电，仪表上的故障灯也不点亮。

如果制动开关 1 的信号出现故障，将导致 VCU 无法确定车辆是否处在静止的安全状态，将禁止高压系统上电；如果制动开关 2 的信号出现故障，VCU 根据此信号判定未解除制动，制动力没有完全释放，VCU 将发送信号至 MCU，禁止车辆在行驶档位中的行驶功能，驱动电机无电流输出，整车不能行驶。

2. 故障检测诊断

某一吉利 EV450 纯电动汽车踩下制动踏板，一键启动开关上绿色指示灯点亮，同时尾部制动灯点亮。按下一键启动开关，绿色指示灯熄灭，同时听见动力电池主正、主负继电器工作响声；仪表上"READY"灯点亮，SOC、续驶里程显示正常，整车高压上电成功，见图 2-132。踩下制动踏板，档位可以切换到 D 位或 R 位，释放 EPB，仪表上"驻车制动指示灯"熄灭，松开制动踏板，踩下加速踏板，此时车辆不运行。

从此车的故障现象看，高压能上电，车辆不能行驶，应该属于制动开关信号 2 出现故障。

（1）读取故障码（DTC）

用诊断仪读取故障码，显示 P1C2304（制动踏板信号不可信）、P1C2404（制动踏板一路故障或者警告故障），从故障码分析可能是制动灯开关或制动灯开关到 VCU 之间的线路出现问题。

（2）可能的故障原因

1）制动灯开关供电线路断路、虚接、短路故障。

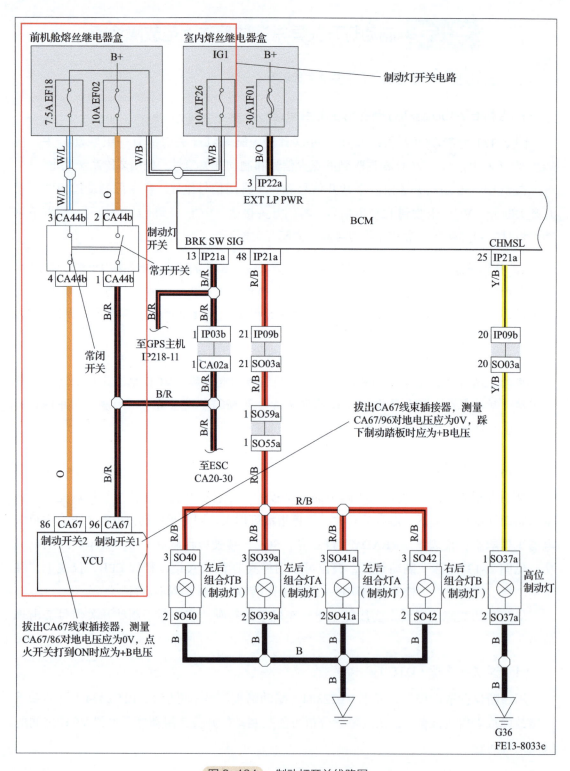

图 2-131 制动灯开关线路图

第二章 整车控制系统的诊断

图 2-132 吉利 EV450 仪表显示

2）制动灯开关内部自身故障。

3）制动开关至 VCU 间线路断路、虚接、短路故障。

4）VCU 自身故障。

（3）检测诊断

1）常闭信号（制动开关 2）电压检测。检测前先查找维修手册，先找到 CA67 插接器 86、96 号端子（图 2-133 左图），拔下 CA67 线束插接器，在实物上找到 CA67/86 号端子（图 2-133 右图）。

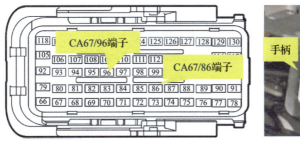 

图 2-133 CA67 线束插接器 CA67/86、96 号端子

供给 CA67/86 号端子电源是经过点火开关的电源，在不打开点火开关情况下，测量插接器 CA67/86 号端子电压应为 0V（图 2-134）。

打开点火开关，测量 CA67 插接器 86 号端子电压应为 12V 左右（图 2-135）。

2）制动信号 2 的信号输入测试。踩下制动踏板时，用万用表测量 VCU 的 CA67/86 端子对地电压，标准值为 0 → +B，具体见表 2-46。

扫一扫

CA67 186 号端子
制动灯常闭信号
测量

测量时不打开点火开关，把万用表拨到直流电压测试档，表笔一端接CA67/86号端子，另一端接地（搭铁），测得值应为0V

图 2-134　用万用表测量 CA67/86 号端子电压（点火开关 OFF）

测量时打开点火开关，把万用表拨到直流电压测试档，表笔一端接CA67/86号端子，另一端接地（搭铁），测得值应为+B（11.8~12.8V）

扫一扫

吉利 EV450 VCU
CA67 线束插接器
86 号端子电压

图 2-135　用万用表测量 CA67/86 号端子电压（点火开关 ON）

表 2-46　制动信号 2 的信号输入测试

可能性	实测结果/V	状态	下一步操作
1	0→+B	正常	说明 VCU 自身可能存在故障，建议更换
2	0→部分 +B	异常	说明测试点上游线路可能存在虚接故障，测量制动开关端制动输出信号 2 对地电压
3	始终为 0	异常	说明测试点 CA67/86 号端子上游线路可能存在断路或对地短路故障，测量制动开关端制动输出信号 2 对地电压

3）制动开关端信号 2 输出测试。打开点火开关，踩下制动踏板时，用万用表测量制

动开关端信号 2 输出对地电压，标准值为 0→+B，具体见表 2-47。

表 2-47 制动开关端信号 2 输出测试

可能性	实测结果/V	状态	下一步操作
1	0→+B	正常	如果上一步测得结果为 0→部分 +B，说明线路电阻值过大；如果上一步测得结果为 0，说明线路断路。下一步测量制动信号 2 线路的导通性
2	0→部分 +B	异常	说明制动开关及供电线路存在虚接故障，测量制动开关电源 +B 输入信号对地电压
3	始终为 0	异常	说明制动开关及供电线路存在断路故障，测量制动开关电源 +B 输入信号对地电压，检查 IF26、EF18 熔丝

4）制动开关 1 电压检测。查找维修手册，对照 CA67 插接器端口定义图，找到 CA67 插接器 96 号端子（图 2-136）。

踩下制动踏板，不用打开点火开关，把万用表拨到直流电压测试档，表笔一端接 CA67/96 号端子，另一端接地（搭铁），测得电压标准值为 0→+B（图 2-137），具体见表 2-48。

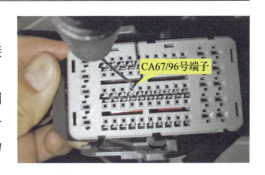

图 2-136 CA67/96 号端子

测量时踩下制动踏板，不用打开点火开关，把万用表拨到直流电压测试档，表笔一端接 CA67/96 号端子，另一端接地（搭铁），测得值应为 +B（11.8~12.8V）

图 2-137 CA67/96 号端子电压测量（踩下制动踏板）

表 2-48 制动开关 1 电压检测

可能性	实测结果/V	状态	下一步操作
1	0 → +B	正常	如果上一步测得结果为 0 → 部分 +B，说明线路电阻值过大；如果上一步测得结果为 0，说明线路断路。下一步测量制动信号 2 线路的导通性
2	0 → 部分 +B	异常	说明制动开关及供电线路存在虚接故障，测量制动开关电源 +B 输入信号对地电压
3	始终为 0	异常	说明制动开关及供电线路存在断路故障，测量制动开关电源 +B 输入信号对地电压，检查 EF02 熔丝

松开制动踏板测量 CA67 插接器 96 号端子电压应该为 0V（图 2-138）。

吉利 EV450 VCU CA67 线束插接器 96 号端子电压

图 2-138 CA67/96 号端子电压测量（松开制动踏板）

5）制动信号 2 线路的导通性测试。关闭点火开关，断开 VCU 的 CA67 线束插接器、制动灯开关 CA44b 线束插接器（图 2-139），测试制动开关到 VCU 的 CA67 线束插接器端对端电阻，标准值应接近 0，具体见表 2-49。

制动灯开关到 VCU 线路通断测量

图 2-139 检测制动信号 2 线路的导通性

表 2-49 制动信号 2 线路的导通性测试

可能性	实测结果/Ω	状态	可能原因	下一步操作
1	∞	异常	线路断路	更换或维修线路
2	明显大于 0	异常	线路电阻值过大	更换或维修线路
3	近乎为 0	正常	CA67 插接器故障	维修或更换线束插接器

6）制动开关 +B 电源输入测试。打开点火开关，用万用表测量制动开关 +B 电源输入端对地电压，标准值为 +B，具体见表 2-50。

表 2-50 制动开关 +B 电源输入测试

可能性	实测结果/V	状态	可能原因	下一步操作
1	+B	正常	制动开关内部断开或电阻值过大	更换制动开关
2	部分 +B	异常	+B 电源线路存在虚接故障	测量熔丝 EF02（10A）输出端对地电压
3	0	异常	+B 电源线路存在断路或对地短路故障	

7）熔丝 EF18（10A）两端对地电压测试。打开点火开关，用万用表测量熔丝 EF18 两端对地电压，标准值为 +B，具体见表 2-51。

表 2-51 熔丝 EF18（10A）两端对地电压测试

可能性	实测结果/V	状态	下一步操作
1	+B，+B	正常	如果上一步测试结果为 +B，说明熔丝 EF18 至制动灯开关间线虚接；如果上一步测试结果为 0V，说明熔丝 EF18 至制动灯开关间线路断路
2	均为 0~+B 间	异常	熔丝 EF18（10A）上游线路虚接故障，检修线路
3	0，0	异常	熔丝 EF18（10A）上游线路故障，检修线路
4	+0	异常	说明熔丝 EF18 熔断，说明制动信号 2 线路可能存在对地短路或虚接故障，检查制动信号 2 线路对地电阻
5	+B，0~+B 间	异常	说明熔丝 EF18 电阻值过大，更换相同规格熔丝

说明：在任何情况下，测试结果应为 +B（标准值）。

8）制动信号 2 线路对地是否短路或虚接测试。关闭点火开关，检查线路对地电阻，标准值为 ∞，具体见表 2-52。

表 2-52　制动信号 2 线路对地是否短路或虚接测试

步骤	测试条件	实测结果/Ω	状态	可能原因	下一步操作
1	拔下 VCU 的 CA67 插接器、制动开关的 CA44b 插接器	∞	正常	VCU 局部故障	转第 2 步
		明显大于 0	异常	线路对地虚接	检修线路
		近乎为 0	异常	线路对地短路	
2	连接 VCU 的 CA67	∞	正常	制动开关局部故障	转第 3 步
		存在电阻	异常	VCU 内部对地虚接	更换 VCU
		近乎为 0	异常	VCU 内部对地短路	
3	连接制动开关的 CA44b 插接器	∞	正常		测试结束
		存在电阻	异常	制动开关内部对地虚接	更换制动开关
		近乎为 0	异常	制动开关内部对地短路	

二、比亚迪秦 PLUS EV 制动灯开关故障诊断

1. 比亚迪秦 PLUS EV 制动灯控制高压上电原理

从比亚迪秦 PLUS EV 制动灯开关电路图（图 2-140）可以看出，它和吉利 EV450 的控制原理是完全不一样的，虽然都是一组联动开关，但信号是不一样的。吉利 EV450 常开和常闭信号都是 12V 电信号，都是输入整车控制器。而比亚迪秦 PLUS EV 常开信号是 12V 电信号，常闭信号却是接地信号，并且信号的流向也是不一样的，常开信号流向左车身控制系统和整车控制系统，而常闭信号只流向左车身控制系统。左车身控制系统根据收到的信号，控制 IG3 继电器工作，整车控制器根据收到的点火信号和制动开关信号，控制高压系统上电。

比亚迪秦 PLUS EV 制动开关信号既是左车身控制器的唤醒信号，同时也是整车控制器的控制信号，踩下制动踏板接通制动开关常开开关，12V 的电信号首先唤醒左车身控制，左车身控制器控制 IG3 继电器工作给整车控制器供电，同时整车控制接到制动开关 12V 信号，再结合其他信号控制高压上电。

2. 故障诊断

一辆比亚迪秦 PLUS EV，踩下制动踏板后制动灯不亮，按启动 / 停止键车辆无反应，车辆无法上高压电，仪表显示"启动时，踩下制动踏板，同时按下启动按钮，待 OK 灯点亮后可挂挡行驶"（图 2-141）。

第二章 整车控制系统的诊断

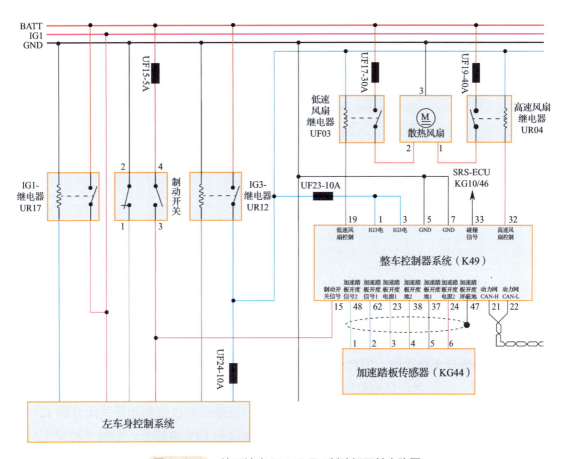

图 2-140 比亚迪秦 PLUS EV 制动灯开关电路图

图 2-141 制动开关故障仪表显示

（1）故障原因分析

踩下制动踏板，制动灯不亮，车辆又无法上高压电，判断应该是制动开关信号故障所致。电动汽车高压上电逻辑基本上是一样的，车辆要上高压电都必须踩下制动踏板，整车控制器只有接到制动开关闭合的信号后才会控制动力电池管理系统上高压电。

（2）诊断仪读取故障码

用诊断仪读取故障码，诊断仪显示"测试设备与汽车电脑不能通信！"（图 2-142），诊断仪无法进入车载控制器，无法诊断。

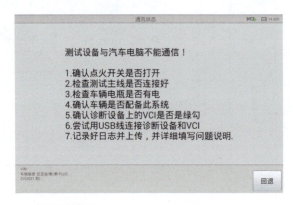

图 2-142　制动开关故障诊断仪无法诊断

（3）故障检测

用故障诊断仪无法诊断，但此故障有一个明显的故障现象就是制动灯不亮，制动灯不亮原因有三种：一是制动灯泡烧毁；二是制动开关故障；三是线路或电源熔丝故障。结合此车制动不亮同时也无法上高压电，说明整车控制器没有收到制动开关闭合的 12V 电信号，因为只是灯泡烧毁时灯不亮，但整车控制会收到 12V 电信号，车辆是可以上高压电的。根据此思路首先检查制动开关 UF15（说明：电路图标的是 UF15，实物图标的是 F15）熔丝（图 2-143），拔下熔丝，用万用表检测熔丝电阻为 ∞，即熔丝熔断，检查相关线路无短路后更换新熔丝，故障排除。

图 2-143　制动开关 F15 熔丝

第三章 驱动电机控制系统诊断

第一节 驱动电机控制系统

一、驱动电机控制系统（MCU）主要功能

驱动电机控制系统（MCU）根据车辆运行的不同情况，包括档位、车速、动力电池 SOC 值、加速踏板位置传感器、制动开关、温度值等来决定电机输出转矩、功率及旋转方向，同时根据辅助电气信号及充电状态信号来控制车辆运行。主要有以下几方面功能。

（1）参与高压上电控制

驱动电机及控制器是整车高压用电的主要设备，其安全性尤为重要，在整车高压上电过程中，VCU 必须查询及接收到驱动电机及控制器性能正常的信号后，才会对高压上电进行控制。如果驱动电机及控制器性能异常，VCU 将启动保护功能，停止高压上电流程，防止事故发生。

（2）换档控制

档位管理关系到驾驶人的安全，正确理解驾驶人意图，以及正确识别车辆的档位，在基于模型开发的档位管理单元中得到很好的优化。能在出现故障时做出相应处理，保证整车安全，在驾驶人出现档位误操作时，通过仪表等提示驾驶人，使驾驶人能迅速纠正。

（3）驾驶人意图解析

MCU 对驾驶人操作信号及控制命令进行分析处理，也就是将驾驶人的节气门信号和制动信号根据某种规则转化成驱动电机的需求转矩命令。因而驱动电机对驾驶人操作的响应性能完全取决于整车控制的加速踏板信号解析结果，这直接影响驾驶人的控制效果和操作感觉。

当驾驶人踩下加速踏板或制动踏板时，驱动电机则要输出一定的驱动功率或再生制动功率，踏板开度越大，驱动电机的输出功率越大，因此，MCU要合理解析驾驶人操作，接收整车各子系统的反馈信号，为驾驶人提供决策反馈；对整车各子系统发送控制指令，以实现车辆的正常行驶。

（4）驱动控制

根据驾驶人对车辆的操纵输入（加速踏板、制动踏板以及选档开关）、车辆状态、道路及环境状况，经分析和处理，向MCU发出相应的指令，控制电机的驱动转矩来驱动车辆，以满足驾驶人对车辆的动力性要求；同时根据车辆状态，向MCU发出相应指令，保证车辆的安全性、舒适性。

牵引力控制系统能够识别车辆起步或者加速过程中的驱动轮打滑趋势，通过干预动力管理控制或者施加车轮制动，控制车轮滑转率，保证车辆的驱动稳定性和舒适性。

（5）上坡辅助功能控制

纯电动汽车在坡上起步时，驾驶人从松开制动踏板到踩下加速踏板的过程中，会出现向后溜车的现象。在坡上行驶过程中，如果驾驶人踩加速踏板的深度不够，会出现车速逐渐降到零，然后向后溜车的现象。为了防止汽车在坡上起步和运行时向后溜车的现象，在整车控制策略中增加了上坡辅助功能。上坡辅助功能可以保证整车在坡上起步时，向后溜车小于10cm；在整车坡上运行过程中如果动力不足时，车速会慢慢降到零，然后保持零车速，不再向后溜车。

（6）制动能量回收控制

MCU根据加速踏板和制动踏板的开度、车辆行驶状态信号以及动力电池的状态信号（如SOC值）来判断某一时刻能否进行制动能量回收，在满足安全性能、制动性能以及驾驶人舒适性的前提下回收部分能量。

（7）车辆状态实时监测和显示

MCU应该对车辆的运行状态进行实时监测，并且将系统的信号发送给车载信号显示系统（组合仪表），其过程是通过传感器和CAN总线，最终将状态信号和故障诊断信号通过车载信号显示系统（组合仪表）显示出来。

（8）行车控制分级

根据车辆状态信号，确定车辆运行模式，主要包括正常模式、跛行模式和停机保护模式。

（9）热管理控制

驱动电机转子高速旋转会产生高温，热量通过机体传递，如果不加以降温，驱动电机无法正常工作，所以驱动电机机体内设置有冷却液道，通过冷却液的循环与外界进行热交换。这样能将驱动电机的工作温度保持在一定范围内，防止驱动电机过热。

（10）DC/DC 变换器

DC/DC 变换器在电动汽车上将动力电池的高压直流电转换为整车低压 12V 直流电，给整车低压用电系统供电及铅酸蓄电池充电。

（11）冷却系统控制

驱动电机和 MCU、DC/DC 变换器工作电流大，产生热量多，系统处于封闭空间，会导致驱动电机和 MCU、DC/DC 变换器的温度上升。温度如果过高，将导致电机功率下降，电机绕组和 MCU、DC/DC 变换器内部 IGBT 烧毁。因此，为了保证驱动电机和控制系统良好的工作性能，保证车辆的正常运行，专门为电机和控制器提供了一套冷却系统及热管理系统。

二、驱动电机控制系统（MCU）控制策略

驱动电机控制系统（MCU）是驱动用永磁同步电机的控制大脑，它综合位置传感器、温度传感器、电流传感器所提供的电机转子位置、温度、速度和电流等反馈信号及外部输入的命令，通过程序进行分析处理，决定控制方式及故障保护等，向功率变换器发出执行命令，控制永磁同步电机运行。

1. 吉利 EV450 驱动电机控制系统（MCU）结构

驱动电机控制系统（MCU）安装在机舱内，既能将动力电池中的直流电转换为交流电以驱动电机，同时在车辆制动或滑行阶段，能将车轮旋转的动能转换为电能（交流电转换为直流电）给动力电池充电；它采用 CAN 与其他单元进行通信，控制动力电池组到电机之间能量的传输，同时采集电机转子位置信号和三相电流检测信号，精确地控制驱动电机运行；同时 DC/DC 变换器也集成在 MCU 内部，其功能是将蓄电池的高压电转换成低压电，为整车低压系统供电。

MCU 内部包含 1 个 DC/AC 变换器和 1 个 DC/DC 变换器，DC/AC 变换器由 IGBT 直流母线电容、驱动和控制电路板等组成，实现直流（可变的电压、电流）与交流（可变的电压、电流、频率）之间的转换；DC/DC 变换器由高低压功率器件、变压器、电感、驱动和控制电路板等组成，实现直流高压向直流低压的能量传递。MCU 还包含冷却器（通

过冷却液）给电子功率器件散热。MCU 外部主要为高压及低压连接线束以及冷却液管路接口，见图 3-1。MCU 是以永磁电机自动化控制技术为基础的机电一体化产品，MCU 主要包括功率变换线路、主控制 CPU、转子位置检测单元、电流检测单元、CAN 通信单元五大部分。

图 3-1　吉利 EV450 驱动电机控制系统

2. 吉利 EV450 驱动电机控制系统（MCU）工作原理

在吉利 EV450 轿车上，由动力电池经由车载充电机传来的 HV+ 与 HV- 两相高压直流电进入电机控制器后经过 EMC 滤波，再并联上滤波大电容后供给 IGBT 模组。电机控制器内部的电流传感器实时监测与驱动电机之间的 U、V、W 三相交流高压电的电流值。低压电源输入接口为 KL30 与 KL15。其与车载充电机之间连有互锁线。电机控制器内的 DC/DC 变换器经由 KL30 端子向蓄电池输出 14V 低压直流电，GND 为其接地（搭铁）端子。电机控制器内的计算控制单元接收驱动电机传来的电机定子温度信号与电机转子位置（由与电机同轴连接的旋转变压器发出）信号，判断电机当前工况，通过通信 CAN 线将信息传递给 VCU，同时通过 CAN 线接收 VCU 传来的控制信号，控制驱动电机工作。电机控制器接线图见图 3-2。

3. 比亚迪秦 PLUS EV 驱动电机控制系统结构

比亚迪秦 PLUS EV 驱动电机控制系统与吉利 EV450 有所不同，结构相对简单（图 3-3），吉利 EV450 驱动电机控制器除了电机控制功能外还集成有 DC/DC 功能、冷却系统控制、制动能量回收控制等功能，而比亚迪秦 PLUS EV 电机控制器功能相对简单，主要是电机控制功能（图 3-4）。

比亚迪秦 PLUS EV 驱动电机控制器电机控制原理和吉利 EV450 是一样的，在前面已做详细介绍，不再赘述。

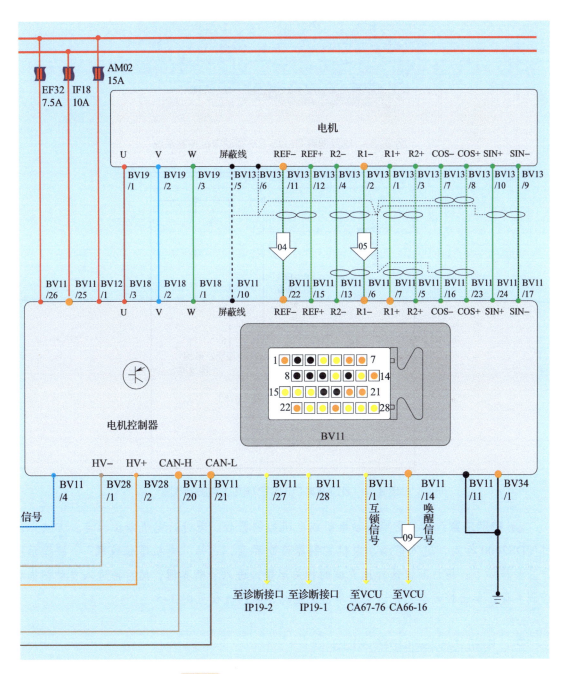

图 3-2　吉利 EV450 电机控制器接线图

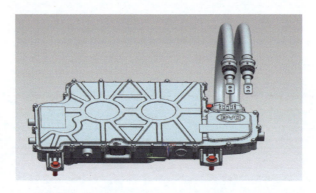

图3-3 比亚迪秦 PLUS EV 驱动电机控制系统

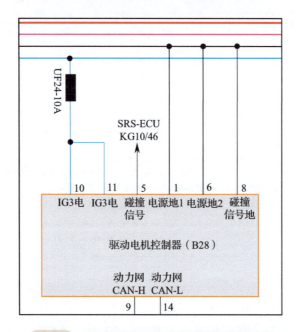

图3-4 比亚迪秦 PLUS EV 电机控制器接线图

🔆 **特别注意**：单独更换驱动电机或电机控制器后，需进行电机零位标定。方法：通过 VDS2000 标定，进入前驱动电机控制器诊断界面，选择"电机零位校准"，按提示操作。步骤如下：用诊断仪选择比亚迪的相关车型，进入诊断界面，然后再进入自动扫描和控制界面，单击控制单元，进去后单击能量网，具体流程见图3-5。

三、电机控制器插接器端口定义

1. 吉利 EV450 电机控制器插接器端口定义

（1）电机控制器线束 BV11 插接器安装位置

BV11 线束插接器安装在 MCU 的侧面，打开前机舱盖即可看见（图3-6）。

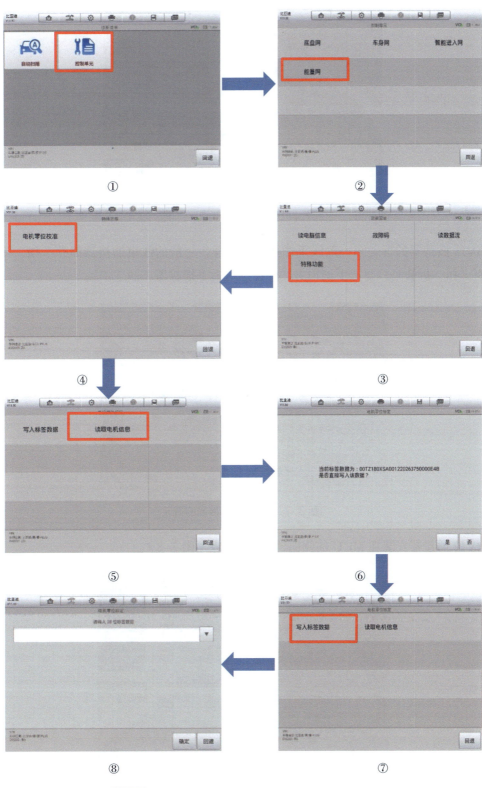

图 3-5　更换电机或电机控制器后电机零位标定流程

图 3-6　吉利 EV450 电机控制器 BV11 插接器安装位置

　　BV11 插接器的拆装和一般线束插接器不一样，一般的线束插接器都有卡扣，此插接器没有卡扣，拆卸时只要把手柄用力往外拉即可拆下插接器（图 3-7）。

图 3-7　BV11 插接器的拆装

　　BV12 插接器安装在 MCU 的侧面，BV11 旁边（图 3-8）。

图 3-8　吉利 EV450 电机控制器 BV12 插接器安装位置

（2）电机控制器 BV11 线束插接器端口定义

电机控制器 BV11 线束插接器端口结构见图 3-9，在维修时查找维修手册找到 BV11 定义（表 3-1），然后再对照实物找到对应的端口。

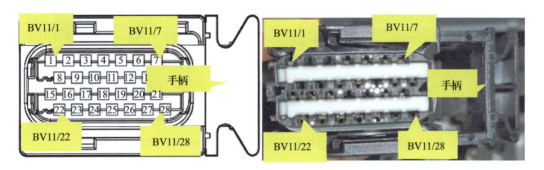

图 3-9　电机控制器 BV11 线束插接器端口

表 3-1　电机控制器 BV11 线束插接器端口定义

端子号	端子定义	端子号	端子定义
1	Interlock input+	15	AC pulg Templ GND
2		16	Resovler COSLO
3		17	Resovler SINLO
4	Interlock output+	18	
5	Temperature sensor INPUT+	19	
6	Temperature sensor GND	20	Communication CAN high
7	Temperature sensor INPUT+	21	Communication CAN low
8		22	Resovler—EXC
9		23	Resovler COSHI
10	Shielding GND	24	Resovler SINHI
11	GND	25	KL15
12		26	KL30
13	Temperature sensor GND	27	Calibration CAN high
14	WAKEUP input	28	Calibration CAN low

2. 比亚迪秦 PLUS EV 驱动电机控制器端口定义

（1）比亚迪秦 PLUS EV 驱动电机控制器 B28 插接器安装位置

比亚迪秦 PLUS EV 驱动电机控制器 B28 插接器安装位置比较隐蔽，电机控制器安装在充配电总成的下面，首先要找到电机控制器，驱动电机控制器 B28 插接器安装在防火板的前面（图 3-10）。

图 3-10　比亚迪秦 PLUS EV 驱动电机控制器 B28 插接器安装位置

（2）B28 插接器拆装

B28 插接器由于安装在电机控制器的后端，拆卸时如果不懂方法是相当难拆的，卡扣的设置和普通的线束插接器不一样，此线束插接器卡扣设置在插接器的下部，拆卸时要凭手感先找到卡扣，然后往上压再往外拔才能拆下（图 3-11）。

扫一扫

比亚迪秦 PLUS
EV 电机控制器
插接器的拆装

图 3-11　拆下 B28 插接器

（3）B28 插接器端口定义

B28 插接器端口定义见表 3-2。在进行检测前先查找维修手册找到 B28 端口定义图（图 3-12 右图），然后对照插接器实物（图 3-12 左图）找到对应的端口定义。

表 3-2　B28 插接器端口定义

引脚号	端口定义	线束连接
1	电源地 1	
2~4		

（续）

引脚号	端口定义	线束连接
5	碰撞信号	连接 SRS-KG10-46
6	电源地 2	
7		
8	碰撞信号地	
9	动力网 CAN-H	
10	IG3 电	
11	IG3 电	
12，13		
14	动力网 CAN-L	

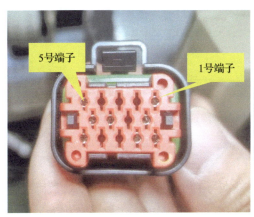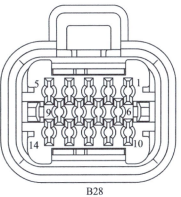

图 3-12　B28 插接器端口定义

第二节　电机控制系统供电故障诊断

一、吉利 EV450 电机控制器供电、接地检测

一辆吉利 EV450 轿车无法行驶，仪表上的 READY 指示灯不亮，故障灯点亮，EPB、ESC 警告灯点亮，车辆无法上高压电。

1. 吉利 EV450 电机控制器供电检测

（1）读取故障码

用诊断仪读取故障码（图 3-13），显示 U011087（与电机控制器通讯丢失）、

U111587（与车载充电机通讯丢失）、P1C3E01（ESC失效）（需确认）、P1C3C96（TCS报故障）、P1C4296（车速信号警告故障），诊断仪切换到驱动电机系统无法进入。

图 3-13　电机控制器故障诊断仪显示的故障码

（2）故障原因分析

仪表上 READY 指示灯、系统故障警告灯、EPB 故障警告灯、ESC 故障警告灯同时点亮，一般是电机控制器供电或控制器出现故障。如果是电源或 PCAN 故障，电机控制器无法与其他系统进行通信，诊断仪无法进入电机控制系统读取故障码和数据流，如果不是电源或 PCAN 故障，诊断仪可以进入电机控制系统读取故障码和数据流。

（3）故障检测

从前面的原因分析判断造成故障的原因可能是电机控制器供电或电机控制器本身故障，但不能一开始就更换电机控制器，要从电机控制器的供电和接地查起。

从吉利 EV450 的电机控制器供电电路图（图 3-14）可以看出，电机控制器有三路供电，第一路是常火电源 1 从蓄电池到 AM02 熔丝到 BV12 插接器 1 号端子再到电机控制器；第二路是常火电源 2 从蓄电池到 EF32 熔丝到 BV11 插接器 26 号端子再到电机控制器；第三路是开关电源从点火开关到 IF18 熔丝到 BV11 插接器 25 号端子再到电机控制器。

1）常火电源 1 检测。把启动开关置于 OFF 状态。用万用表测量电机控制器线束插接器 BV12 端子 1 和车身搭铁之间电压值，标准电压为 11.8~12.8V（图 3-15）。如果检测电压为 0V，则要检测熔丝 AM02（表 3-3）。

第三章 驱动电机控制系统诊断

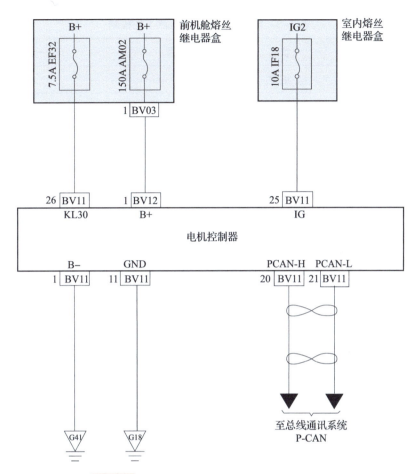

图 3-14　吉利 EV450 电机控制器供电电路图

图 3-15　电机控制器常火电源 1 的检测

表 3-3 电机控制器常火电源 1 的检测

可能性	实测结果/V	状态	可能原因	下一步操作
1	+B	正常		
2	0	异常	线路断路或虚接	检查 AM02 熔丝

2）常火电源 2 检测。把启动开关置于 OFF 状态，拆下电机控制器线束插接器 BV11，在维修手册中找到 BV11 线束插接器的定义图，然后在 BV11 插接器上找到 BV11/26 号端子（图 3-16），用万用表测量电机控制器线束插接器 BV11 号端子 26 和车身搭铁之间电压值，标准电压为 11.8~12.8V（图 3-17），具体见表 3-4。

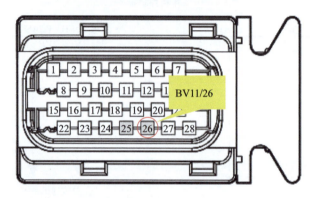

图 3-16 线束插接器 BV11 定义图（BV11/26）

扫一扫

电机控制器 BV11 插接器 26 号端子对地电压测量

图 3-17 BV11 插接器 26 号端子对地电压测量

表 3-4　BV11 插接器 26 号端子对地电压测量

可能性	实测结果/V	状态	可能原因	下一步操作
1	+B	正常	BV11 插接器接触不良	检查 BV11 插接器
2	0	异常	线路断路或虚接	检查 EF32 熔丝

3）点火开关电源检测。把启动开关置于 OFF 状态，拆下电机控制器线束插接器 BV11，查找维修手册，找到 BV11 线束插接器的定义图，然后在 BV11 插接器上找到 BV11/25 号端子（图 3-18），用万用表测量电机控制器线束插接器 BV11 号端子 25 和车身搭铁之间电压值，标准电压为 11.8~12.8V（图 3-19），具体见表 3-5。

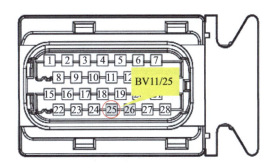

图 3-18　线束插接器 BV11 定义图（BV11/25）

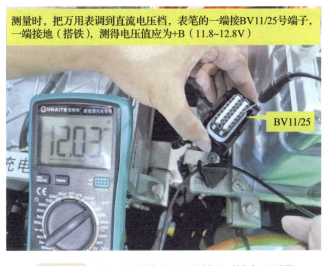

图 3-19　BV11 插接器 25 号端子对地电压测量

表 3-5　BV11 插接器 25 号端子对地电压测量

可能性	实测结果/V	状态	可能原因	下一步操作
1	+B	正常	BV11 插接器接触不良	检查 BV11 插接器
2	0	异常	线路断路或虚接	检查 IF18 熔丝

2. 吉利 EV450 电机控制器接地检测

拆下电机控制器线束插接器 BV11。在维修手册中找到 BV11 线束插接器的定义图，然后在 BV11 插接器上找到 BV11/11 号端子（图 3-20），用万用表测量电机控制器线束插接器 BV11 的 1 号、11 号端子与车身接地之间的电阻。测量位置见图 3-21。标准电阻：小于 1Ω。

根据表 3-6，确认测量值是否符合标准，若不符合，修理或更换线束。

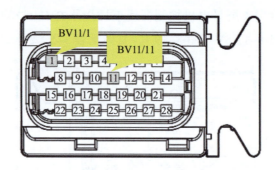

图 3-20　线束插接器 BV11 定义图（BV11/11）

电机控制器 BV11 插接器 11 号端子接地测量

图 3-21　BV11 插接器 11 号端子接地测量

表 3-6　BV11 插接器 11 号端子接地测量

步骤	实测结果/Ω	状态	可能原因	下一步操作
1	∞	异常	BV11/11 号端子到搭铁点断路	更换或维修线路
2	明显大于 0	异常	BV11/11 号端子到搭铁点电阻值过大	更换或维修线路
3	近乎为 0	正常	BV11 插接器故障	维修或更换线束插接器

二、比亚迪秦 PLUS EV 电机控制器供电和接地检测

1. 电机控制器供电检测

前面已介绍比亚迪秦 PLUS EV 电机控制器是由 IG3 继电器供电，经过 UF24 熔丝，由 B28 线束插接器的 10 和 11 号端子进入电机控制器。检测时首先查找维修手册，找到 B28 端口的定义（图 3-22），再对照定义图找到 B28 实物插接器的 10 和 11 号端子。

由车辆上电后，测量 B28/10 号端子的电压，正常值为蓄电池电压（图 3-23）。

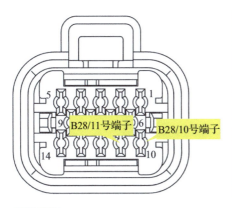 

图 3-22　电机控制器 B28 线束插接器定义图　　图 3-23　比亚迪秦 PLUS EV 电机控制器供电检测（B28/10 号端子）

车辆上电后，测量 B28/11 号端子的电压，正常值为蓄电池电压（图 3-24）。

如果测得 B28/10 和 B28/11 的电压异常，则先检查前机舱熔丝 UF24，测量熔丝两端是否都有 12V 电压，如果一端有 12V，一端没有，则是熔丝熔断所致（图 3-25）。

图 3-24　比亚迪秦 PLUS EV 电机控制器供电检测（B28/11 号端子）　　图 3-25　比亚迪秦 PLUS EV 电机控制器供电熔丝的检测

如果测得 B28/10 和 B28/11 其中一个有 12V 电压，另外一个没有，则要检查没有电压的这个端子到 UF24 熔丝间引路的导通性，具体检测方法参考前面章节关于线路导通

性的检测。

2. 电机控制器接地检测

从比亚迪秦 PLUS EV 电机控制器接线图（图 3-4），可以看出为保证电机控制器接地的稳定性，比亚迪秦 PLUS EV 电机控制器设置了 3 条接地线，分别是 B28/1（电源地）、B28/6（电源地）、B28/8（碰撞信号地）。

接地线接地导通性检测前首先要查找维修手册，找到 B28 端口的定义图，然后对照 B28 线束插接器实物找到对应的 B28/1、B28/6、B28/8 号端子。用万用表的电阻档测量这三个端子对地的导通性，见图 3-26。

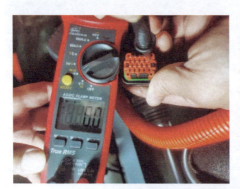
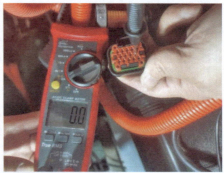

图 3-26　B28/1、B28/6、B28/8 接地线接地导通性检测

3. 故障案例

故障现象：一辆比亚迪秦 PLUS EV 车辆，组合仪表报"动力系统故障"（图 3-27），上不了 OK 电（高压电），冷却风机高使能。

故障分析：踩下制动踏板，按下点火开关，整车低压电源可以打开，组合仪表报"动力系统故障"，上不了 OK 电，冷却风机高使能。连接专用诊断仪读取电池管理系统故障，系统报整车控制器（VCU）U01A500 故障码：与前驱动电机控制器（FMCU）失去通信（图 3-28）。

第三章 驱动电机控制系统诊断

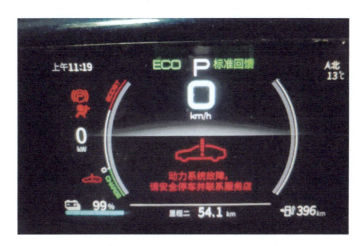

图 3-27 组合仪表报"动力系统故障"

图 3-28 与前驱动电机控制器（FMCU）失去通信故障码

读取电机控制器系统数据流，数据流显示：冷却风机高使能，说明有故障（图 3-29）。

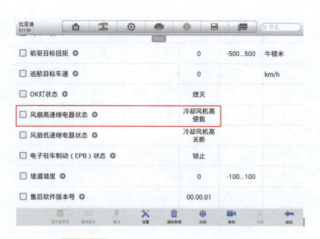

图 3-29　读取电机控制器系统数据流

根据读取的故障码和数据流分析，引起冷却风机高使能、与前驱动电机控制器（FMCU）失去通信主要是驱动电机控制器无法正常工作所致，驱动电机控制器故障一般是控制器供电、接地及控制器自身故障所致，遇到此类故障不要轻易更换控制器，要从控制器的外围供电及接地查起，从图 3-30 可以看出，驱动电机控制器是 IG3 继电器经过 UF24-10A 熔丝通过 B28/10、B28/11 号端子供电。

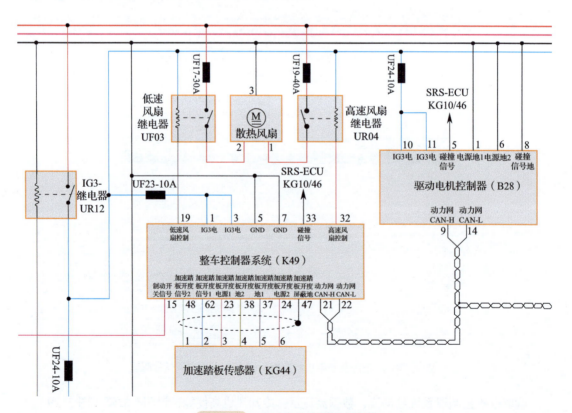

图 3-30　驱动电机控制器电路图

使用万用表电压档，测量驱动电机模块端 B28/10 号端子与 B28/1 号端子之间电压，测量结果为 0.3V，说明 B28/10 号端子无 12V 电压供给驱动电机控制器（图 3-31）。

图 3-31　B28/10 号端子电压测量（异常）

故障排除：经检查是电机控制系统模块端 B28/10 号端子线路断路。修复电机控制系统模块端 B28/10 号端子线路，重新测量 B28/10 号端子对地电压为 11.57V，故障排除（图 3-32）。

图 3-32　B28/10 号端子电压测量（正常）

第四章 动力电池管理系统诊断

第一节 动力电池管理系统的认识

一、吉利 EV450 动力电池管理系统

动力电池管理系统是电池的管家,它的主要功能有充放电管理、继电器控制、功能控制、蓄电池异常状态警告和保护、SOC/SOH 计算、自检以及通信等;电池单体管理单元(CSC)的主要功能有蓄电池电压采样、温度采样、蓄电池均衡、采样异常检测等。

1. 吉利 EV450 动力电池管理系统

BMS 模块线束插接器定义见表 4-1。从吉利 EV450 的电池管理系统接线图(图 4-1)、电路图(图 4-2)可以看出,BMS 模块和直流充电插座、诊断接口等都有线束连接。

表 4-1 BMS 模块线束插接器定义

线束插接器	名称
CA01a	前机舱线束接仪表线束插接器 1
CA69	BMS 模块线束插接器 A
CA70	BMS 模块线束插接器 B
IP02a	仪表线束接前机舱线束插接器 1
IP19	诊断接口线束插接器
BV20	直流充电插座线束插接器
BV21	接低压线束插接器(直流 1)
BV23	接动力电池线束插接器 2
CA06	前机舱线束接底板线束插接器
SO06	底板线束接前机舱线束插接器
SO77a	底板线束对接左 EPB 卡钳线束插接器
SO80a	左 EPB 卡钳线束对接底板线束插接器
SO83	接直流充电插座线束插接器

第四章 动力电池管理系统诊断

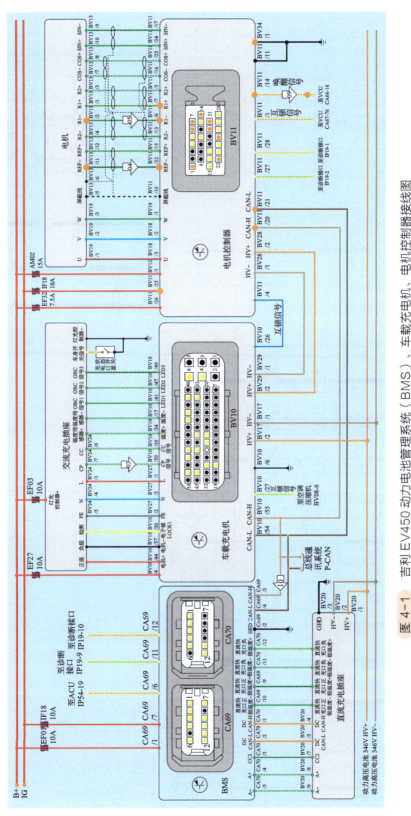

图 4-1 吉利 EV450 动力电池管理系统（BMS）、车载充电机、电机控制器接线图

图 4-2 吉利 EV450 动力电池管理系统（BMS）电路图

2. 吉利 EV450 动力电池插接器端口定义

吉利 EV450 动力电池通过直流母线和车载充电机进行连接，通过快充线束和快充口进行连接，通过两个低压线束插接器 CA69 和 CA70 分别和整车控制器与快充口进行通信。

（1）CA69 动力电池低压线束插接器

该线束插接器用于和整车控制器进行低压通信，端口见图 4-3，具体见表 4-2。

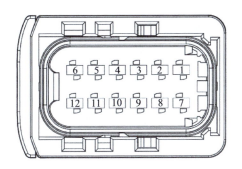

图 4-3　CA69 动力电池低压线束插接器端口定义图

表 4-2　CA69 动力电池低压线束插接器端口定义

端子号	端子定义	端子号	端子定义
1	常电 12V	7	IG2
2	电源地 GND	8	
3	整车 CAN-H	9	快充插座正极柱温度 +
4	整车 CAN-L	10	快充插座正极柱温度 -
5		11	诊断接口 CAN-H
6	Crash 信号	12	诊断接口 CAN-L

（2）CA70 动力电池低压线束插接器

CA70 动力电池低压线束插接器端口定义见图 4-4 和表 4-3。

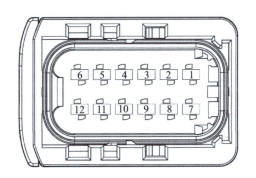

图 4-4　CA70 动力电池低压线束插接器端口定义图

表4-3 CA70动力电池低压线束插接器端口定义

端子号	端子定义	端子号	端子定义
1	快充CCAN-H	5~10	
2	快充CCAN-L	11	快充插座正极柱温度+
3	快充CC2	12	快充插座正极柱温度-
4	快充wakeup		

（3）BV16动力电池高压线束插接器

该线束插接器用于和直流母线进行连接，接口见图4-5和表4-4。

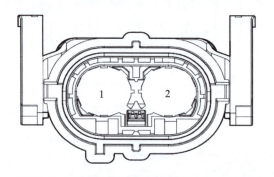

图4-5 BV16动力电池高压线束插接器定义图

表4-4 BV16动力电池高压线束插接器定义

端子号	端子定义	端子状态
1	HV-	高压总负
2	HV+	高压总正

（4）BV23动力电池高压线束插接器

该线束插接器用于和直流充电口线束进行连接，接口见图4-6和表4-5。

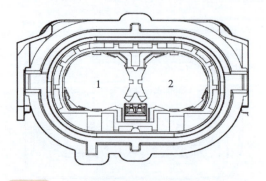

图4-6 BV23动力电池高压线束插接器定义图

表 4-5　BV23 动力电池高压线束插接器定义

端子号	端子定义	端子状态
1	FCHV+	快充总正
2	FCHV-	快充总负

二、比亚迪秦 PLUS EV 动力电池控制器

1. 比亚迪秦 PLUS EV 动力电池控制器安装位置

比亚迪秦 PLUS EV 动力电池控制器安装在动力电池的上部（图 4-7），在维修时必须把动力电池拆下来才能维修（图 4-8）。

图 4-7　比亚迪秦 PLUS EV 动力电池控制器安装位置

图 4-8　比亚迪秦 PLUS EV 动力电池控制器

2. 比亚迪秦 PLUS EV 动力电池管理系统电路图

见图 4-9，比亚迪秦 PLUS EV 动力电池管理系统通过线束和直流充电口、充配电总成直接连接，还通过动力 CAN 线与整车控制器、电机控制器通信共享信息，控制车辆的

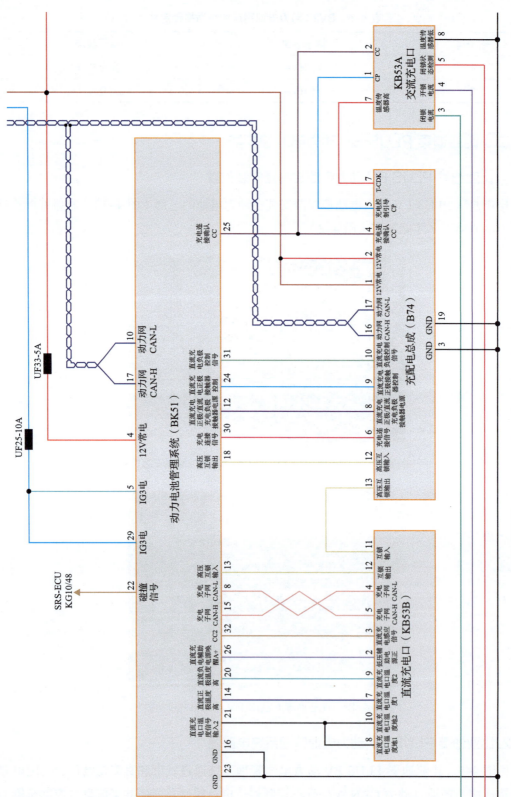

图 4-9 比亚迪秦 PLUS EV 动力电池控制器接线图

上、下电、车辆行驶。

3. 比亚迪秦 PLUS EV 动力电池控制器端口 BK51 定义

（1）比亚迪秦 PLUS EV 动力电池控制器插接器安装位置

比亚迪秦 PLUS EV 动力电池控制器 BK51 插接器在动力电池直流母线下面（图 4-10）。

图 4-10　BK51 插接器的安装位置

（2）比亚迪秦 PLUS EV 动力电池控制器插接器的拆装

BK51 插接器卡扣在插接器的底部，在拆插接器时要用食指按下才能把插接器手柄往外扳，并拆下插接器（图 4-11）。

图 4-11　BK51 插接器的拆装

（3）比亚迪秦 PLUS EV 动力电池控制器插接器端口 BK51 定义

1）比亚迪秦 PLUS EV 动力电池控制器连接端口。比亚迪秦 PLUS EV 动力电池控制器连接端口定义图见图 4-12，对照定义图即可找到插接器实物上具体端子定义（图 4-13）。

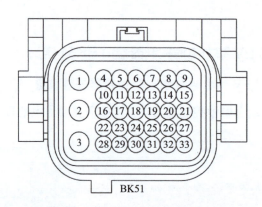

图 4-12　比亚迪秦 PLUS EV 动力电池控制器连接端口 BK51 定义图

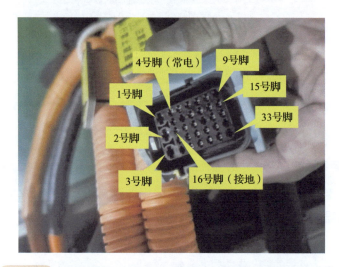

图 4-13　比亚迪秦 PLUS EV 动力电池控制器端口 BK51 实物图

2）比亚迪秦 PLUS EV 动力电池控制器端口 BK51 定义见表 4-6。

表 4-6　比亚迪秦 PLUS EV 动力电池控制器端口 BK51 定义

引脚号	端口定义	线束接法	引脚号	端口定义	线束接法
1			7		
2			8	充电子网 CAN-L	连接直流充电口 KB53B/4
3			9		
4	IG3	接 IG3 继电器	10		
5	+B	接 12V 常电	11		
6			12	直流充电正极 / 直流充电负极接触器电源	充配电总成 B74/8

（续）

引脚号	端口定义	线束接法	引脚号	端口定义	线束接法
13	高压互锁输入	连接直流充电口 KB53B/12	24	直流充电正极接触器控制	充配电总成 B74/9
14	直流正极温度高	连接直流充电口 KB53B/7	25	充电连接确认 CC	充配电总成 B74/4
15	充电子网 CAN-H	连接直流充电口 KB53B/5	26		
16	GND	接地	27		
17			28		
18	高压互锁输出	充配电总成 B74/12	29		
19			30	充电连接信号	充配电总成 B74/6
20	直流负极温度高	连接直流充电口 KB53B/9	31		
21	直流充电口温度信号输入 2	连接直流充电口 KB53B/8、KB53B/10	32	CC2	充配电总成 B74/3
22			33		
23	GND	接地			

第二节　动力电池管理系统电源故障诊断

一、吉利 EV450 动力电池管理系统供电电源检测

1. 吉利 EV450 动力电池管理系统的电源

从吉利 EV450 动力电池管理系统（BMS）电路图（图 4-2）可以看出，控制器电源由两路供给：一路由辅助蓄电池正极通过熔丝 EF01（10A）（图 4-14）给单元 CA69/1 号端子提供常电，通过单元端子 CA69/2 搭铁，构成回路；一路由 IG 继电器通过熔丝 IF18（10A）（图 4-15）给单元 CA69/7 号端子提供点火开关电源，通过单元端子 CA69/2 搭铁，构成回路。

由于新能源整车控制电源在设计时就有特殊需求，即 BMS 要参与点火开关打开后的工作及通信，还要满足车辆在点火开关关闭、充电时 BMS 工作及通信需求，所以 BMS 的 +B 电源作用就是保证在这两个状态时 BMS 能正常启动及通信。如果此 +B 电源出现故

障，将导致 BMS 启动及通信失败，致使整车高压上电失败。

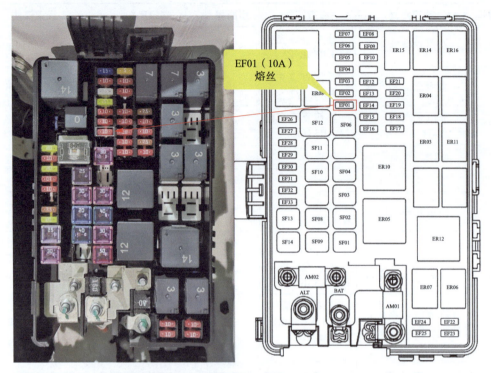

图 4-14　BMS 供电的 EF01（10A）熔丝

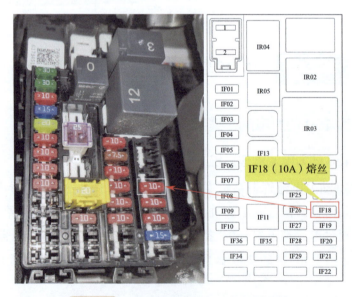

图 4-15　BMS 供电的 IF18（10A）熔丝

BMS 的 IG 电源，在此车辆上主要作为 BMS 的唤醒信号，和 CAN 总线唤醒为冗余关系，同时还作为 BMS 低压下电后启动休眠模式的时间参考信号。如果此电源出现故障，

BMS 通过 P-CAN 接收和判别点火开关状态，同时利用 +B 电源作为功率电源供电。

2. 吉利 EV450 动力电池管理系统的电源检测

一辆吉利 EV450，踩下制动踏板，打开点火开关后，仪表点亮正常，REDAY 灯无法点亮，动力电池故障指示灯点亮（图 4-16），车辆无法上高压电。

图 4-16　仪表动力电池故障指示灯点亮

（1）用诊断仪读取故障码

用诊断仪读取故障码，显示 P1C2604（BMS 报动力电池放电系统故障 2 级）、U111587（与车载充电机通讯丢失）、P1C5104［IPU 执行关闭命令超时（上下电）］（图 4-17）。

图 4-17　BMS 供电故障诊断仪显示的故障码

从故障现象和故障码可以初步判断为 BMS 或 BMS 供电故障所致。先要对 BMS 的供电和接地进行检测（表 4-7），不要盲目更换 BMS。

表 4-7 可能的故障原因

序号	故障部位	故障性质
1	BMS 模块 +B 供电线路	断路、虚接、短路
2	EF01 10A 熔丝	断路、虚接
3	BMS 模块接插件上的端子 CA69/1、CA69/2	退针（断路）、虚接
4	线束接插件	接触不良、损坏

（2）BMS 常火电源检测

1）BMS CA69/1 插接器的 1 号端子对 2 号端子电压检测。用万用表测量 BMS CA69/1 插接器的 1 号端子对 2 号端子电压，标准值应为蓄电池电压。具体见表 4-8。

表 4-8 BMS 的 CA69/1 号端子对 CA69/2 号端子电压检测

可能性	检测结果/V	结论	下一步操作
1	+B	正常	更换 BMS
2	高于 0、小于 +B	异常	说明线路存在虚接故障，下一步检测 BMS+B 供电线路对地电压
3	0	异常	说明线路存在断路故障，下一步检测 BMS+B 供电线路对地电压

2）BMS +B 供电线路输入端对地电压检测。用万用表检测 BMS 的 CA69/1 号端子对地电压，标准值应为蓄电池电压，具体见表 4-9。

表 4-9 BMS 的 CA69/1 号端子对地电压检测

可能性	检测结果/V	结论	下一步操作
1	+B	正常	如果上一步测试结果为 0，说明控制单元搭铁线路存在断路故障，下一步测试 BMS 搭铁线路对地电压 如果上一步测试结果为高于 0、小于 +B 的某个值，说明控制单元搭铁线路存在虚接故障，下一步测试 BMS 搭铁线路对地电压
2	高于 0、小于 +B	异常	说明供电线路存在虚接故障，下一步测试 EF01（10A）熔丝两端对地电压
3	0	异常	说明供电线路存在断路故障，下一步测试 EF01（10A）熔丝两端对地电压

3）BMS +B 供电线路熔丝两端对地电压检测。用万用表分别测量 EF01 两端对地电压，具体见表 4-10。

表 4-10　BMS +B 供电线路熔丝两端对地电压检测

可能性	实测结果/V	结论	下一步操作
1	+B，+B	正常	如果上一步测试结果为 0，说明 CA69/1 号端子至熔丝 EF01 之间线路存在断路故障，下一步对端子 CA69/1 到熔丝 EF01 之间线路检测导通性 如果上一步测试结果为高于 0、小于 +B 的某个值，端子 CA69/1 到熔丝 EF01 之间线路存在虚接故障，下一步对端子 CA69/1 到熔丝 EF01 之间线路检测导通性
2	+B，高于 0、小于 +B	异常	说明熔丝两端连接存在电阻值过大故障，下一步对熔丝片进行检查，必要时更换
3	0，0	异常	熔丝 EF01 到继电器 87 端子间线路断路，检修线路
4	+B，0	异常	说明熔丝 EF01 熔断，更换熔丝前测试 EF01 号端子、CA69/1 端子对地电阻，看是否短路
5	均高于 0、小于 +B	异常	说明熔丝供电线路存在故障，下一步对熔丝供电线路进行检查

（3）BMS 电源线路对地电阻（绝缘）测量

关闭点火开关，拔下 EF01 熔丝，拔下 BMS 的 CA69 插接器，用万用表测量 CA69/1 与 EF01 熔丝间线束对地电阻，标准值为 ∞，见表 4-11。

表 4-11　BMS 电源线路对地电阻（绝缘）测量

步骤	测量部位	实测结果	结论	可能原因	下一步操作
1	测量 CA69/1 线束端对地电阻	∞	正常	BMS 故障	转本表第 2 步
		小于 5Ω	异常	线路对地虚接	检修线路
		接近 0	异常	线路对地短路	
2	连接 BMS 插接器，测量 CA69/1 线束端对地电阻	∞	正常	熔丝熔断	更换 EF29 熔丝
		小于 5Ω	异常	BMS 内部对地虚接	更换 BMS
		接近 0	异常	BMS 内部对地短路	

（4）熔丝到 BMS 之间电源线路导通性测量

拔下 BMS CA69 插接器、熔丝 EF01，测量 BMS 端子 CA69/1 和熔丝 EF01（10A）之间线路电阻值，应小于 3Ω，见表 4-12。

表 4-12　熔丝到 BMS 之间电源线路导通性测量

可能性	实测结果	结论	可能原因	下一步操作
1	小于 3Ω	正常	插接器故障	检修插接器
2	无穷大	异常	线路断路	维修线路
3	大于 5Ω	异常	线路虚接	

3. 吉利 EV450 动力电池管理系统接地的检测

（1）BMS 端子 CA69/2 对地电压测试

用万用表测量 BMS CA69/2 号端子对地电压，标准值应为 0V，具体见表 4-13。

表 4-13　BMS CA69/2 号端子对地电压检测

可能性	检测结果/V	结论	下一步操作
1	0	正常	更换 BMS 后上电测量
2	0~+B 间的某个值	异常	说明线路存在虚接故障，下一步检测接地线路导通性
3	+B	异常	说明线路存在断路故障，下一步检测接地线路导通性

（2）BMS 端子 CA69/2 和接地点之间导通性检查

拔下 BMS CA69/2 插接器，测量 CA69/2 号端子与接地点之间的电阻值，应小于 3Ω，具体见表 4-14。

表 4-14　BMS 端子 CA69/2 和接地点之间导通性检查

可能性	实测结果	结论	可能原因	下一步操作
1	小于 3Ω	正常	插接器故障	检修插接器
2	无穷大	异常	线路断路	维修线路
3	大于 5Ω	异常	线路虚接	

4. 检测结果

经过上述检测发现是 BMS 常火供电熔丝熔断造成 BMS 无法工作，导致车辆无法上高压电，车辆无法行驶。

二、比亚迪秦 PLUS EV 动力电池管理系统供电、接地检测

从比亚迪秦 PLUS EV 动力电池控制器接线图（图 4-9）和吉利 EV450 动力电池管理系统电路图（图 4-2）可以看出，两个车型的动力电池管理系统供电是有差别的，比亚迪秦 PLUS EV 采用三电源（一条常火电源，两条 IG3 电源）、双接地的方式保证动力系统供电的稳定性，吉利采用的是双电源（一条常火电源，一条 IG 电源）、单接地的方式。

1. 比亚迪秦 PLUS EV 动力电池管理系统供电检测

（1）BK51 插接器 4 号端子对地电压的测量（常火电源）

检测前先查找维修手册，找到 BK51 插接器端口定义图（图 4-18），拔下 BK51 插接

器，对照定义图找到 4 号端子，然后用万用表测量 4 号端子对地电压（图 4-19），正常情况应为蓄电池电压。

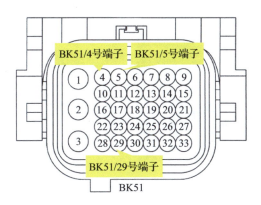

图 4-18　BK51 插接器端口定义图

图 4-19　万用表测量 BK51/4 号端子对地电压

如果检测异常，则要检查前机舱熔丝盒 F33 熔丝（电路图是 UF33）两端对地电压（图 4-20），具体检测方法和前述吉利 EV450 的检测是一样的，在此不再赘述。

（2）BK51 插接器 5 号、29 号端子对地电压的测量（IG3 电源）

检测前先查找维修手册，找到 BK51 插接器端口定义图（图 4-18），拔下 BK51 插接器，对照定义图找到 5 号、29 号端子，然后用万用表测量 5 号、29 号端子对地电压，正常情况应为蓄电

图 4-20　前机舱熔丝盒 F33 熔丝两端对地电压检测

池电压（图 4-21）。

图 4-21　BK51/5 号、29 号端子 IG3 供电电压测量

2. 动力电池控制器接地检测

比亚迪秦 PLUS EV 动力电池管理系统采用双接地模式，保证接地的稳定性。从电路图（图 4-9）可以看出，16 号、23 号端子为接地端子。

检测前先查找维修手册，找到端口的定义图，拔下 BK51 插接器对照定义图找到 16 号、23 号端子，接地线的检测方法和吉利 EV450 的检测方法是一样的（图 4-22），在此不再赘述。

图 4-22　动力电池控制器 16 号、23 号端子接地测量

第五章 充电控制系统诊断

第一节 充电控制系统的控制策略

一、吉利 EV450 充电控制系统

吉利 EV450 充电系统主要由车载充电机、交流充电插座组成的慢充模式，BMS 和直流充电插座组成的快充模式构成，见图 5-1。

由图 5-1、图 5-2 可以看出，吉利 EV450 交流充电口与车载充电机通过 BV27/1（L）、BV27/3（N）和 BV27/2（PE）三条线束连接进行电能的输送。车载充电机接收到交流充电口输送来的交流电之后转化为高压直流电给动力电池进行充电。交流充电口与车载充电机之间有 BV10/49、BV10/47 和 BV10/41 三条 LED 灯控制线路，用来控制充电过程中充电口 LED1、LED2 和 LED3 灯的显示；有两条充电口温度检测电路，分别为充电插座温度检测 + 和充电插座温度检测 -。当车上充电口未连接充电枪时，CC 信号电压为 12V，无电流；当充电枪连接车辆充电口时，CC 信号电压为 12V，高压电控总成检测该电路电阻，来确定是否连接完成以及该充电枪的额定充电功率。

充电枪上 CC 端子与充电口的 CC 端子对应，充电枪上 PE 端子与充电口 PE 端子对应。两个端口的主要功能是监控充电是否插入，操作人员是否松开充电枪按钮，判断充电枪是否已经插入且充电操作人员是否已经离开，充电枪与充电口已正常连接，具备充电条件。

充电口上 CP 端子在不连接充电枪时，电压为 0V；插上充电枪且未充电状态时，CP 端子为 9V 的 PWM 信号；当 CP 端子降低为 6V 的 PWM 信号时，表示充电枪控制确认信号正常，可以进行充电。交流充电口上还有交流充电口锁闭电动机控制电路（BV10/44 和 BV10/57）和锁闭状态检测信号电路（BV10/30）。充电口盖状态开关用来检测充电口盖是否锁闭，如未锁闭，则认为充电未完成，开关打开，充电口不能接地，车辆不能上电，用来防止充电过程中对车辆的误操作。

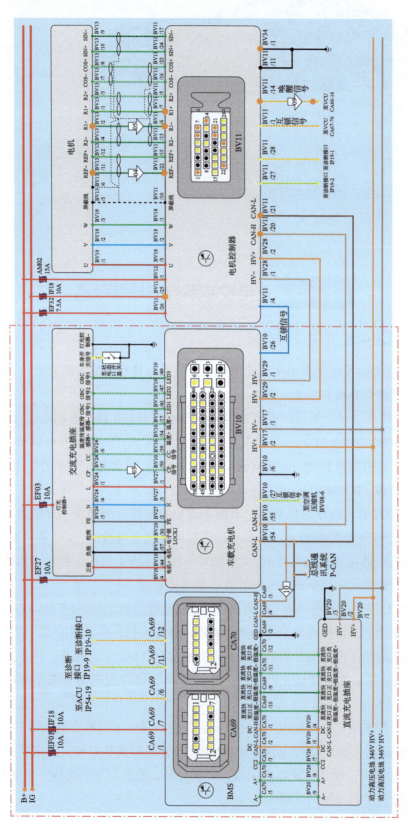

图 5-1 吉利 EV450 充电线路图

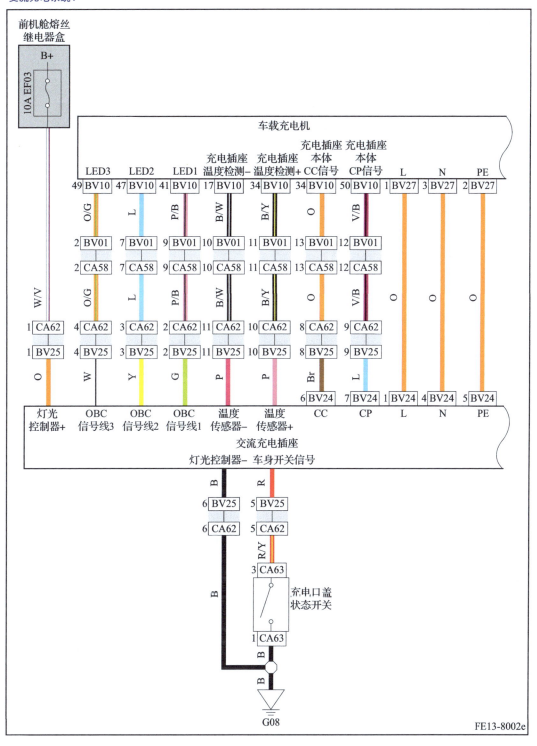

图 5-2　车载充电机低压电路图

1. 吉利 EV450 车载充电机安装位置

吉利 EV450 车载充电机安装在前机舱内（图 5-3），兼具有高压分配功能，动力电池的高压电经过直流母线流到车载充电机，然后经车载充电机分配到电机控制器、PTC 加热器、空调。

图 5-3　车载充电机安装位置

2. 吉利 EV450 车载充电机 BV10 插接器端口定义

检测充电系统故障前一个很重要的步骤就是要先查找维修手册，找到 BV10 端口的定义图（图 5-4），对每个端子的定义了解清楚，为下一步检测做好准备，BV10 插接器具体端口定义见表 5-1。

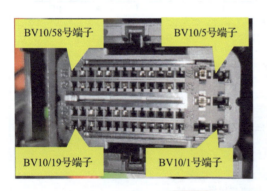
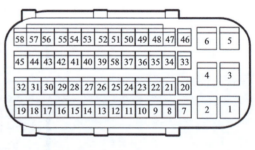

图 5-4　BV10 线束插接器端口定义图

表 5-1　BV10 线束插接器端口定义

端子号	定义	颜色
4	KL30	R
6	接地	B
17	充电口温度检测 1 地	B/W
19	唤醒	0.5 Y/B
26	高压互锁入	W

（续）

端子号	定义	颜色
27	高压互锁出	Br/B
30	电子锁状态	W/R
34	充电口温度检测 1	B/Y
39	CC 信号检测	O
41	对应灯具 2 脚	P/B
44	电子锁正极	W/L
47	对应灯具 3 脚	L
49	对应灯具 4 脚	O/G
50	CP 信号检测	V/B
54	CAN-L	L/B
55	CAN-H	Gr/O
57	电子锁负极	W/B
其他端子	空（未使用）	

二、比亚迪秦 PLUS EV 三合一充配电总成

1. 比亚迪秦 PLUS EV 三合一充配电总成安装位置

秦 PLUS EV 三合一充配电总成安装在前机舱中间（图 5-5），三合一充配电总成具有车载充电器、高压配电箱、DC/DC 三个功能，和吉利 EV450 车载充电机的功能差不多。充配电总成通过线束和交流充电口相连，具有慢充功能。

2. 比亚迪秦 PLUS EV 三合一充配电总成工作原理

图 5-5　比亚迪秦 PLUS EV 三合一充配电总成

（1）控制原理

从比亚迪秦 PLUS EV 充配电总成电路（图 5-6）可以看出，充配电总成电路通过线束分别与交流充电口和动力电池管理系统相连。充配电总成通过交流充电口 CC 端子进行充电连接确认，通过交流充电口 CP 端子进行充电控制引导，确认交流充电枪连接无误后再发送充电信号给 BMS 控制充电继电器闭合，车辆即可进行慢充电。

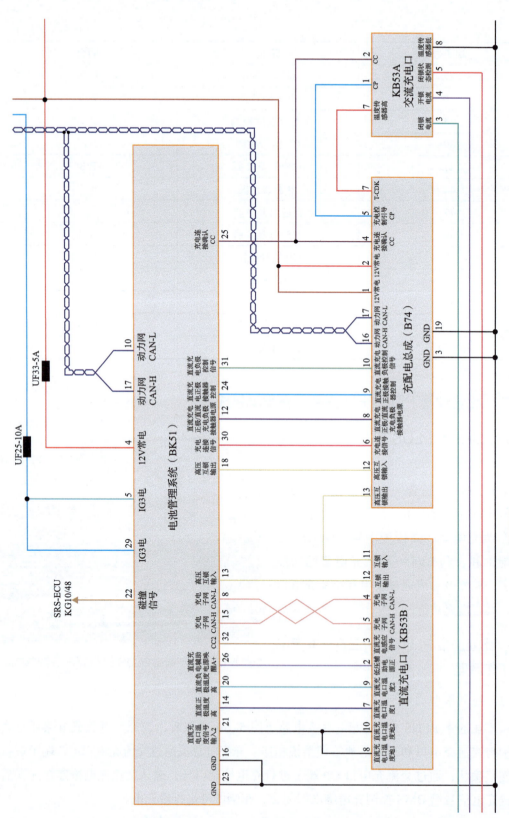

图 5-6 比亚迪秦 PLUS EV 充配电总成电路图

（2）三合一充配电总成插接器 B74 端口定义

检测充配电总成故障前一个很重要的步骤就是要先查找维修手册，找到 B74 端口的定义图（图 5-7 右图），对实物每个端子的定义（图 5-7 左图）了解清楚，为下一步检测做好准备，B74 插接器具体端口定义见表 5-2。

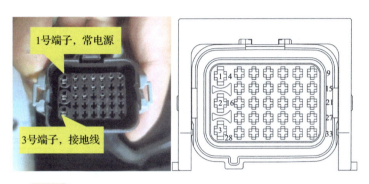

图 5-7 比亚迪秦 PLUS EV 充配电总成 B74 插接器定义图

表 5-2 三合一充配电盒端口定义

引脚号	端口定义	线束接法
1	常电 1	接 12V 常电
2	常电 2	接 12V 常电
3	常电电源地 1	
4	充电连接确认	接交流充电口 -2
5	充电控制导引	接交流充电口 -1
6	充电连接信号	接电池包 33pin-3
7	充电口温度检测	接交流充电口 -7
8	直流充电正极/直流充电负极接触器电源	接电池包 33pin-12
9	直流充电正极接触器控制信号	接电池包 33pin-24
10	直流充电负极接触器控制信号	接电池包 33pin-31
12	直流高压互锁输入	接电池包 33pin-18
13	直流高压互锁输出	接电池包 33pin-13
16	动力网 CAN 线	
17	动力网 CAN 线	
19	常电电源地 2	
11、14~15、18、20~33		

第二节 充电控制系统电源故障诊断

一、吉利 EV450 充电控制系统电源检测

1. 吉利 EV450 交流充电插座电源检测

从吉利 EV450 充电线路图（图 5-1）可以看出，交流充电插座电源由 +B 通过 EF03（10A）熔丝供给，见图 5-8。如果连接好充电枪后，充电枪上的灯不亮，首先要检查交流充电插座的熔丝。检测熔丝的方法前面已做过详细介绍，不再赘述。

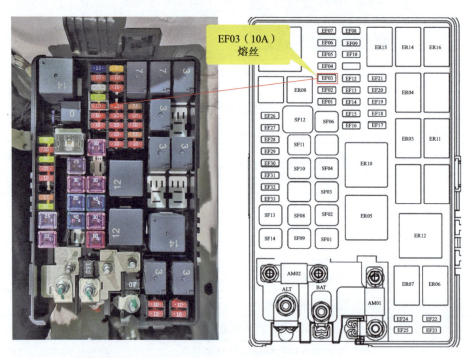

图 5-8　吉利 EV450 交流充电插座供电 EF03（10A）熔丝

2. 吉利 EV450 车载充电机电源检测

（1）吉利 EV450 车载充电机 BV10 线束插接器拆卸

检测车载充电机故障时，必须拆下插接器，BV10 插接器安装在车载充电机（OBC）的前端，拆卸时解锁手柄锁扣后往左扳动就可以拆下插接器（图 5-9）。

（2）吉利 EV450 车载充电机（OBC）电源测量

从吉利 EV450 充电线路图（图 5-1）可以看出，车载充电机低压供电是常火电源，由蓄电池经 EF27 熔丝供给车载充电机。检测时，拔下 BV10 插接器，查找维修手册，找到

图 5-9 吉利 EV450 车载充电机 BV10 插接器的拆卸

BV10 端口定义图（图 5-4），对照 BV10 插接器实物找到 BV10/4 号端子，用万用表测量对地电压，见图 5-10，标准值应为蓄电池电压。

图 5-10 车载充电机插接器 BV10/4 号端子对地电压测量

车载充电机插接器 BV10（电源）电压测量

如果检测结果异常（测量的电压是 0V），则先要检查 EF27（10A）熔丝（图 5-11）两端对地电压，具体的测量方法前面已有详细介绍，在此不再赘述。

（3）车载充电机接地检测

从吉利 EV450 充电线路图（图 5-1）可以看出，车载充电机是单线接地，车载充电机通过 BV10 插接器 6 号端子引出接地。检测时，先查找维修手册，找到 BV10 端口定义图（图 5-4），对照 BV10 插接器实物找到 BV10/6 号端子，用万用表测量对地电阻（图 5-12），标准值应小于 3Ω。

如果测量到的电压为 ∞，则是接地线路断路，必须进行电路检修，否则车载充电机无

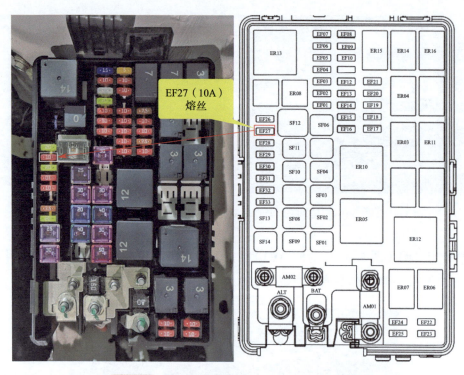

图 5-11　吉利 EV450 EF27（10A）熔丝位置

扫一扫

车载充电机 BV10 插接器 6 号端子对地电阻的测量

图 5-12　吉利 EV450 车载充电机接地检测

法工作，因为车载充电机无法形成回路，车辆无法进行慢充电。

　　控制器接地详细检测方法在前面章节有过介绍，检测时请参考前面章节介绍的方法步骤进行，在此不再赘述。

二、吉利 EV450 唤醒电路检测

1. 唤醒电路的工作原理

车辆在充电过程中需要禁止车辆移动，连接充电枪后，OBC 启动充电模式并唤醒总线，VCU 唤醒并接收到启动充电模式后，需通过专用导线发送高压电位到 DC/DC 变换器 / MCU，MCU 接收到此信号后将启动驱动电机禁行模式，并通过 P-CAN 总线将禁行信号发送至 OBC 及 VCU，OBC 和 VCU 接收到此信号后才会启动充电模式。如果此禁行信号或禁行信号传输线路出现异常，将导致车辆无法充电，充电口红色故障灯被 OBC 激活点亮。

当打开点火开关至 ON 档或连接充电枪时，见图 5-13，VCU 通过 CA66/16 号端子输

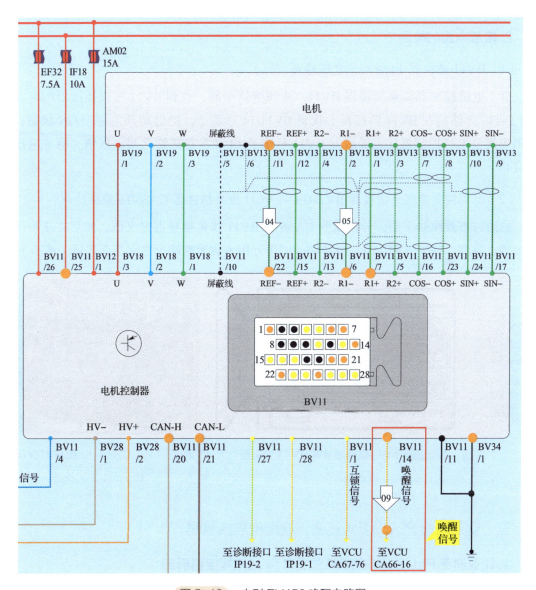

图 5-13　吉利 EV450 唤醒电路图

出 +B 信号至 MCU 的 BV11/14 号端子，MCU 内部检测到此端子上的 +B 信号后，激活唤醒。此信号对于 MCU 有两个作用：

1）打开点火开关至 ON 档时，MCU 检测到此信号，同时通过 BV11/25 号端子检测到点火开关的 IG 信号，MCU 判定点火开关已打开，车辆进入启动运行状态，MCU 进入车辆启动运行模式。

2）连接充电枪至车辆充电口，OBC 和 VCU 启动充电模式，VCU 通过 CA66/16 号端子输出 +B 电压信号，MCU 检测此信号，但此时由于点火开关关闭，MCU 端子 BV11/25 电压为 0，MCU 根据这两个信号判定此时点火开关没有打开，车辆进入充电模式，MCU 起动车辆禁止运行模式，车辆行驶功能受限制。

2. 唤醒电路的检测

（1）BV11 插接器 14 号端子电压检测

拆下电机控制器线束插接器 BV11，查找维修手册，找到 BV11 线束插接器的定义图（图 5-14），然后在 BV11 插接器上找到 BV11/14 号端子，把启动开关置于 ON 状态，用万用表测量电机控制器线束插接器 BV11 号端子 14 和车身搭铁之间电压值，标准电压为 11~14V。

（2）电机控制器线束插接器 BV11/14 到 VCU 线束插接器 CA66/16 通断检测

检测时查找维修手册，分别找到 CA66 和 BV11 线束插接器定义图，然后在实物线束插接器上找到 CA66/16 和 BV11/14 号端子，用万用表测量两端子之间是否连通（图 5-15）。

BV11 唤醒线（14 号端子）到 VCU 插接器 CA66（16 号端子）通断

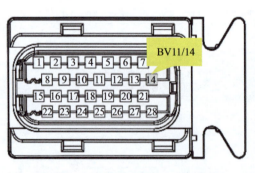

图 5-14　线束插接器 BV11 定义图

图 5-15　CA66/16 和 BV11/14 号端子间电阻的检测

三、比亚迪秦 PLUS EV 三合一充配电总成检测

1. 比亚迪秦 PLUS EV 充配电总成 B74 线束插接器拆卸

检测充配电总成故障时，必须拆下插接器，B74 插接器安装在充配电总成的右侧，拆

卸时必须先按下卡扣，解锁手柄锁扣后往外扳动手柄才能拆下插接器（图 5-16）。

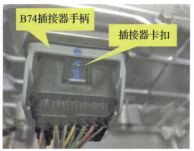

图 5-16　B74 插接器的拆卸

2. 三合一充配电总成电源检测

从充配电总成的电路图（图 5-6）可以看出，比亚迪秦 PLUS EV 充配电总成低压供电采用的是双线常火电源，由蓄电池通过 B74 的 1、2 号端子供给充配电总成。检测时要分别对 B74 的 1、2 号端子电压进行测量。

（1）B74/1 端子常火电压测量

检测时无需上电，拔下 B74 插接器，查找维修手册，找到 B74 端口定义图（图 5-7），对照 B74 插接器实物找到 B74/1 号端子，用万用表测量对地电压，标准值应为蓄电池电压（图 5-17）。

图 5-17　比亚迪秦 PLUS EV 充配电总成供电测量（B74/1）

（2）B74/2 号端子常火电压测量

检测时无需上电，拔下 B74 插接器，查找维修手册，找到 B74 端口定义图（图 5-7），对照 B74 插接器实物找到 B74/2 号端子，用万用表测量对地电压，标准值应为蓄电池电压（图 5-18）。

图 5-18　比亚迪秦 PLUS EV 充配电总成供电测量（B74/2）

如果测量到电压异常（测得对地电压为 0V），则要检查前机舱熔丝盒 F9 熔丝两端电压（图 5-19），如果测得一端电压为 12V，另一端为 0V，则是熔丝熔断所致。在检查线路无接地短路后更换熔丝即可。

图 5-19　前机舱 F9 熔丝两端电压测量

3. 三合一充配电总成接地检测

从比亚迪秦 PLUS EV 充配电总成电路图（图 5-6）可以看出，比亚迪秦 PLUS EV 充配电总成低压接地采用的是双线接地，保证充配电总成接地的稳定性，由蓄电池通过 B74 的 3、19 号端子双线接地。检测时要分别测量 B74 的 3、19 号端子对地电阻（图 5-20）。控制系统接地的测量与检修在前面章节已有详细介绍，检修时请参照前述内容进行操作，在此不做赘述。

第五章　充电控制系统诊断

图 5-20　比亚迪秦 PLUS EV 充配电总成接地检测

4. 充电连接确认（CC）的检测

一辆比亚迪秦 PLUS EV，插上交流充电枪后无任何反应，组合仪表充电指示灯不亮（图 5-21）。

图 5-21　无法交流充电时的仪表显示内容

（1）交流充电连接确认原理

从充配电总成电路图（图 5-6）可以看出，用交流充电时，在插上交流充电枪时，必须确保充电枪连接好后才能充电，充电连接信号（CC 信号）必须传回充配电总成和电池管理系统，充配电总成和电池管理系统只有收到充电连接确认信号后才能点亮仪表上的充电指示灯，电池管理系统控制充电继电器闭合，通过车载充电器给动力电池充电。插上充电枪跟没插时一样，常见问题是充电连接信号（CC）没有传到充配电总成或电池管理系统，所以仪表就没有显示充电指示灯，同时充电口盖灯也不亮（图 5-22）。

（2）充电连接确认（CC）信号线路的检测

从比亚迪秦 PLUS EV 充配电总成电路图（图 5-6）可以看出，交流充电口 KB53A/2 号端子和充配电总成 B74/4 号端子、电池管理系统的 BK51/25 号端子相连。充配电总成

图 5-22　交流充电口盖灯不亮

和电池管理系统如果没有收到充电连接确认（CC）信号，一种可能是充电枪没有插到位，另外一种可能是 KB53A/2 号端子到 B74/4 号端子和电池管理系统的 BK51/25 号端子的线路断路。

关闭点火开关，使用钳形表欧姆档，测量交流充电口线束端 KB53A/2 号端子与充配电总成 B74/4 号端子之间的电阻，测量结果为无穷大（图 5-23），说明此段线路存在断路故障。

图 5-23　交流充电口 KB53A/2 号端子与充配电总成 B74/4 号端子之间电阻的检测（异常）

经检查，是交流充电口线束端 KB53A/2 号端子与充配电总成 B74/4 号端子间线路断路。修复交流充电口线束端 KB53A/2 号端子与充配电总成 B74/4 号端子间线路。使用钳形表欧姆档，测量交流充电口线束端 KB53A/2 号端子与充配电总成 B74/4 号端子通断情况，结果显示为 1.0Ω（图 5-24），故障排除（可正常充电时，仪表指示灯点亮，见图 5-25）。

图 5-24　交流充电口 KB53A/2 号端子与充配电总成 B74/4 号端子之间电阻的检测（正常）

图 5-25　交流充电正常时的仪表显示内容

附录　新能源汽车常用英文缩略语

英文缩写	中文含义	英文缩写	中文含义
ABS	防抱死制动系统	FCEV	燃料电池电动汽车
AC	交流电	FCV	燃料电池汽车
ACC	自适应巡航	FM	调频（收音机）
ADAS	高级驾驶辅助系统	FPC	柔性印制电路
AM	调幅（收音机）	GIS	地理信息系统
App	应用（软件）	GNSS	全球导航卫星系统
AUX	音频输入接口	GPS	全球定位系统
AVH	自动驻车系统	HBA	液压制动辅助系统
BASU	电池采样与执行单元	HEV	混合动力电动汽车
BDU	电池包断路单元	HHC	坡道起步辅助系统
BEV	纯电动汽车	HV	高电压
BIC	电池信息采集器	HVAC	暖风空调
BMC	电池管理控制器	HVSU	高压监控模块
BM	电池管理系统	ICE	内燃机（发动机）
BMU	电池管理单元	IGBT	绝缘栅双极型晶体管
BSG	传动带驱动型起动机/发电机	IPB	智能集成制动器
CAN	控制器局域网（汽车总线技术）	IPM	智能功率模块
CDI	动态减速控制	ISG	集成型起动机/发电机
CPU	中央处理器	IT	信息技术
CLTC	中国轻型汽车行驶工况	ITS	信息技术系统
CSC	电池单体管理单元	LBMS	低压电池管理系统
CTB	电池车身一体化技术	LBS	移动位置基站系统
CTP	电芯（跳过模组形态）直接集成为电池包	LCD	液晶显示器
CVBS	复合同步视频广播信号	LIN	局部互联网（总线技术）
DBMS	分布式电池管理系统	LVDS	低电压差分信号
DC	直流电，直流变换器	MCU	驱动电机控制器
DC/DC	直流/直流变换器	MP	多功能视频控制器

（续）

英文缩写	中文含义	英文缩写	中文含义
DHT	混动专用变速器	MRR	前置毫米波雷达
DM	双模，即燃油加电动双模式	NAVI	导航
DMF	双离合器	NCA	镍（Ni）、钴（Co）、铝（Al）三种金属元素的合称
DOD	放电深度，电池放电量与额定容量的比例（%）	NCM	镍（N）、钴（Co）、锰（Mn）三种金属元素的合称
DTC	故障码	EBD	电子制动力分配
ECM	电子控制模块	NFC	近场通信
ECU	电子控制单元	OBC	车载充电机
EHS	电混系统	OCI	电池过流保护
ESC	电子稳定控制系统	TP	电池过温保护
ESP	电子稳定程序	OVP	电池过充保护
EV	电动汽车	PAD	平板（电脑）
EVP	电子真空助力泵	PBMS	集成式电池管理系统
EPB	电动驻车制动器	PCU	动力控制单元
FAD	前驱动桥	PDU	电源分配单元（高压配电箱）
PHEV	插电混动电动汽车	TCU	变速器控制单元
PMSM	永磁同步电机	Telematics	车载信息服务
PS	动力分流	TFT	薄膜晶体管
PTC	负温度系数（电加热器）	TMC	串联（制动）主缸
PWM	脉冲宽度调制	TUNER	收音机
RAD	后驱动桥	UVP	电池过放保护
RDS	无线数据广播系统（收音机）	VBM	动力域控制器
SD	安全数字存储卡	VCU	整车控制器
SOC	电池充电状态（剩余电量）	VDS	车辆诊断系统
SOH	电池健康状态（电池寿命）	VIN	车辆识别码
TBOX	远程通信终端（车联网主机）	VTOG	双向交流逆变式电机控制器
TCS	牵引力控制系统		

参 考 文 献

［1］弋国鹏，魏建平. 电动汽车控制系统及检修［M］. 北京：机械工业出版社，2020.

［2］郭三华，曹丽娟，王晶. 纯电动汽车综合故障诊断［M］. 北京：北京理工大学出版社，2021.

［3］瑞佩尔. 比亚迪新能源汽车结构原理与维修［M］. 北京：化学工业出版社，2023.

［4］张隽，王芳，刘元芝. 纯电动汽车整车控制系统检修［M］. 北京：机械工业出版社，2021.

［5］徐利强，李平，张瑞民. 纯电动汽车故障诊断与排除［M］. 北京：机械工业出版社，2021.

［6］孙玉章，孔超，万晓峰. 纯电动汽车电池及管理系统检修［M］. 北京：机械工业出版社，2021.

［7］石发晋，周毅，夏文军. 纯电动汽车电机及传动系统检修［M］. 北京：机械工业出版社，2021.